Por uma educação mais saudável e afetiva

Maria Amália Forte Banzato

Por uma educação mais saudável e afetiva

Literare Books
INTERNATIONAL
BRASIL · EUROPA · USA · JAPÃO

© LITERARE BOOKS INTERNATIONAL LTDA, 2023.
Todos os direitos desta edição são reservados à Literare Books International Ltda.

PRESIDENTE
Mauricio Sita

VICE-PRESIDENTE
Alessandra Ksenhuck

DIRETORA EXECUTIVA
Julyana Rosa

DIRETORA COMERCIAL
Claudia Pires

DIRETORA DE PROJETOS
Gleide Santos

EDITOR
Enrico Giglio de Oliveira

EDITOR JÚNIOR
Luis Gustavo da Silva Barboza

REVISORES
Ivani Rezende e Léo Andrade

CAPA E DESIGN EDITORIAL
Lucas Yamauchi

IMPRESSÃO
Gráfica Paym

Dados Internacionais de Catalogação na Publicação (CIP)
(eDOC BRASIL, Belo Horizonte/MG)

B219p   Banzato, Maria Amália Forte.
    Por uma educação mais saudável e afetiva / Maria Amália Forte Banzato. – São Paulo, SP: Literare Books International, 2023.
    112 p. : 13,5 x 20,8 cm

    Inclui bibliografia
    ISBN 978-65-5922-608-5

    1. Parentalidade. 2. Desenvolvimento infantil. 3. Crianças – Educação. I. Título.

CDD 372.21

Elaborado por Maurício Amormino Júnior – CRB6/2422

LITERARE BOOKS INTERNATIONAL LTDA.
Rua Alameda dos Guatás, 102
Vila da Saúde — São Paulo, SP. CEP 04053-040
+55 11 2659-0968 | www.literarebooks.com.br
contato@literarebooks.com.br

MISTO
Papel produzido a partir
de fontes responsáveis
FSC® C133282

Sumário

Apresentação   7

Introdução   13

Capítulo I   25
O cenário atual nas famílias e nas escolas é alarmante

Capítulo II   34
Nós somos responsáveis pelos adultos de amanhã!

Capítulo III   44
Você age ou reage na relação com seu filho?

Capítulo IV   52
O papel de educador – pai e mãe – e seus desdobramentos na vida da criança

Capítulo V   61
Os afetos como parte integrante da tarefa de educar!

Capítulo VI   72
A importância da rotina na família e na escola

Capítulo VII   77
As regras e combinados para manter a saúde emocional da criança

Capítulo VIII 85
A construção de uma educação e autoridade democráticas

Capítulo IX 91
Como problematizar as situações do cotidiano?

Capítulo X 95
A importância da circulação dos afetos na vida e na escola

Conclusão 106

Atividades 109
10 atividades diárias para melhorar a relação com seu filho

Apresentação

Quem, no exercício das funções de coordenadora pedagógica e orientadora educacional, compartilhou com Maria Amália os desafios de ensinar e aprender no espaço da sala de aula, identifica imediatamente o caráter de relato de experiência de seu livro, *Por uma educação mais saudável e afetiva*.

O livro é, numa expressão bastante informal, a "cara da autora". Posso dizer, com razoável segurança, que o embrião deste livro já estava lá, nos idos dos anos 1990, e só está aqui hoje porque seus projetos nunca ficaram muito tempo na gaveta.

Inquieta, sempre intrigada com a trama das relações interpessoais que sustentam as trocas na sala de aula, entre alunos, professores e pais, em todas as dimensões, cognitiva, social e afetiva, Maria Amália nunca se recusou a receber grupos com dinâmicas ditas "difíceis". Quanto maior era o desafio, maior seu envolvimento e seu compromisso em fazer com que o grupo avançasse na aquisição de competências relacionadas ao âmbito do saber, saber fazer e saber ser.

Educadora por paixão, foi buscar fundamentos para conduzir seu trabalho com grupos na teoria de Pichon-Rivière e, fora da escola, abriu espaço real e virtual para acolher pais, professores e demais interessados no desafio que é viver juntos ou "conviver" na perspectiva do que promove em nós o desenvolvimento pessoal e social ou, como gosto de dizer, do que nos permite viabilizar nossa humanidade.

Corajosa, disponível para rever e mudar crenças e atitudes que orientam suas ações e, muitas vezes, não se harmonizam com os princípios de uma educação afetiva e saudável, a autora articula os conhecimentos teóricos e recursos práticos da psicologia de grupos na concepção pichoniana com os que construiu com os alunos em contexto de aula, e os de sua vivência como mãe, disponibilizando-os para o público que compartilha com ela seus interesses.

A eficácia do seu projeto de educação saudável e afetiva está diretamente relacionada à sua crença de que é impossível educar sem oferecer ajudas necessárias e compatíveis com os objetivos que se tem para cada indivíduo e cada grupo, a cada momento em que se dá o processo educativo. E como não poderia deixar de ser, essa eficácia está sustentada no desejo de efetivar esse projeto com os diferentes atores – pais, crianças, adolescentes, professores, coordenadores – no desempenho de seus papéis sociais.

Os que educam não podem se furtar ao persistente trabalho de percorrer o que a autora nomeia como Caminhos do Coração. Esse nome pode sugerir, pela singeleza e carga simbólica que carrega (o coração é considerado centro vital de nossa existência), uma travessia pautada pela intuição, sem percalços, em linha reta.

A realidade é bem outra. Chegamos ao mundo bastante vulneráveis, somos dependentes por mais tempo que outras espécies da natureza, dos cuidados de quem nos acolhe para garantir nossa sobrevivência. A família é nosso lugar de origem, e nossa primeira condição de existência é totalmente alienada no outro, seja a mãe ou quem ocupa a função materna.

Ao longo do tempo, nosso mundo vai alargando seus limites, ampliamos as relações de convivência e, simultaneamente, na dialética das trocas sociais de fora para dentro e de dentro para fora, vamos nos constituindo como humanos, semelhantes e singulares.

Nossos pensamentos e sentimentos são modelados culturalmente, variam dentro de cada cultura e nos diferentes extratos sociais, e são valorados como bons, maus, certos, errados, adequados, inadequados...

Esses pensamentos e sentimentos não se tornam imediatamente apreensíveis por nós de modo claro, translúcido. Surgem enovelados, misturados às nossas crenças, julgamentos, preconceitos, culpas e atravessam nossas respostas aos desafios impostos pelo viver juntos.

A travessia pelos Caminhos do Coração, conforme assinalamos acima, não se faz em linha reta e é sempre singular. Normalmente, inclui altos e baixos, desvios com o intuito de chegar mais rápido aos nossos objetivos, passando por cima de nós e dos outros, zonas sombrias em razão de impedimentos, resistências pessoais e, também, atalhos que nos surpreendem com novas e vibrantes energias...

A autora assinala três pilares que sustentam essa travessia, conferindo-lhes potência para uma educação saudável e afetiva:

SER – quem somos com toda nossa verdade e essência.

SENTIR – as emoções e sentimentos sem medo de expressá-los.

CONVIVER – aprender a viver com o diferente, com respeito e harmonia.

Ao longo do livro, Maria Amália traz depoimentos pessoais e múltiplas situações com o objetivo de elucidar o valor formativo do percurso pelos Caminhos do Coração.

No contexto formal ou informal, seguir os Caminhos do Coração implica que se interrogue sobre o que acontece em cada situação particular, seja no calor da hora ou no "segundo tempo", isto é, no tempo em que se dá para decantar os acontecimentos e aferir pensamentos e sentimentos que atravessam os sujeitos nos diferentes cenários em que atuam.

Implica, ainda, aprender a manejar a necessária distância para evitar, o quanto possível, a reatividade e os equívocos que, em geral, decorrem das relações interpessoais.

Não é tarefa fácil, a busca contínua de se fazer presente em cada situação educativa: ela exige olhos para ver, ouvidos para escutar, repertório de estratégias para lançar mão em determinadas circunstâncias, como, por exemplo, aquelas em que a autora sugere respirar antes de agir.

Respirar é um ato fisiológico que se dá automaticamente; nos atesta como vivos. Ao sugerir a respiração como estratégia, a autora produz um deslocamento de sua função puramente fisiológica para o campo cognitivo.

Assim, é possível regular conscientemente os tempos de inspiração e expiração, criando condições para reduzir a intensidade de certas emoções que, passadas diretamente ao ato, sem mediação, não cumprem sua função de nos proteger e aos que estão ao nosso lado, pois produzem ruídos, turvam o fluxo dos afetos nas relações interpessoais.

É a partir da intenção de presença dos sujeitos em cada contexto, em cada situação particular, que se pode falar em autoconexão e conexão entre os envolvidos no processo educativo, também da flexibilidade de cada um para validar suas escolhas, rever as atitudes, as reações, os desdobramentos delas decorrentes e buscar os encaminhamentos necessários para qualificar esse processo como saudável e afetivo.

Nessa mesma direção, ou seja, do autêntico interesse pelo encontro com o outro em oposição ao confronto, é fundamental cuidar da linguagem, ou melhor, das boas condições de funcionamento do processo comunicativo em toda extensão de seu circuito: o que dizer; como dizer; para quem; em que momento; com que função (para quê), recolhendo, sempre que necessário, os efeitos de como se deu a escuta do que foi falado, apesar das "boas intenções".

Esses parâmetros, em educação, colaboram para que seja viável sustentar, individual e coletivamente, o desejo de seguir aprendendo no horizonte do possível.

À guisa de conclusão, Maria Amália faz um convite aos leitores para que compartilhem com ela algumas de suas experiências, expressando os impasses que porventura tiveram. E se propõe a dialogar com eles, o que pode contribuir para a multiplicação de experiências semelhantes.

Sonia Aidar Favaretto

Introdução

A escrita faz parte da minha vida desde muito menina. Foi por meio dela que aprendi a dar voz aos meus pensamentos e sentimentos e também a curar feridas internas.

Desde muito menina, como não sabia me expressar, eu escrevia; e foi na experiência como educadora que fui aprendendo a me expressar, dando voz aos meus sentimentos. Fui me fortalecendo a partir dos estudos e das vivências sobre a importância dos afetos na nossa vida.

Amor, alegria, raiva, medo, coragem, tristeza e saudades são sentimentos que fazem parte de todos nós. Nas experiências com crianças e adultos e na tarefa de educar e coordenar grupos eu fui compreendendo que os sentimentos e as emoções são de fundamental importância para nos conectar com nós mesmos e com as pessoas em nosso entorno.

Quando nos conectamos com nossos sentimentos e emoções, temos mais possibilidades de nos reorientar e redirecionar as nossas atitudes e comportamentos. Sou educadora por paixão e creio que é por meio da educação que podemos nos transformar e transformar o cenário em que estamos inseridos.

A especialização em Psicologia Social Pichoniana me forneceu ferramentas para fortalecer meu autoconhecimento e me responsabilizar cem por cento pela minha vida e história. Fortaleci recursos internos para viver as relações e me inserir nos grupos, bem como para coordenar equipes; tornei-me um ser humano e uma profissional melhor.

Foram anos de mergulho interno e de estudos sobre essa teoria, e cada vez mais me certifico de que nossos sentimentos são termômetros que agem como orientadores na vida e nos relacionamentos.

Qualquer indivíduo precisa se conhecer melhor, tomar contato com suas emoções, fragilidades e potencialidades para que possa ocupar os diferentes papéis que desempenha com maior responsabilidade e inteireza. Ao longo desses anos, na observação dos meus alunos, na coordenação de grupos e na educação, fui constatando o quanto as pessoas estão "adormecidas". Adormecem por medo de fazer contato com suas emoções e sentimentos, temem o mergulho em si mesmas e se esquecem de que as respostas para a vida estão dentro de cada um de nós. Adormecem para o que estão sentindo e, desse modo, afastam-se de quem são, dos próprios sonhos e dos desejos mais profundos do seu coração.

Como pais e educadores, somos responsáveis por nossas crianças e por assumir essa responsabilidade. Integrar os afetos nos confere maior possibilidade de desenvolver uma educação mais humanizada, coerente e assertiva.

Neste livro, vou compartilhar como melhorar a sua relação com seus filhos por meio de uma educação mais saudável e afetiva!

Em cada capítulo, vou discorrer sobre esses passos e orientar você, mãe, pai e educador, para essa tarefa de educar!

Este livro nasceu das minhas mais profundas experiências com as crianças na escola e como mãe, e eu desejo que ele possa te empoderar, oferecendo ferramentas para lidar com os desafios recorrentes dessa tarefa no cotidiano.

Fique à vontade para dialogar comigo por e-mail ou pelas redes sociais.

Boa jornada!

Por que este livro?

Por meio deste livro, pretendo compartilhar com o leitor a minha trajetória, ensinando-o a transformar suas emoções e sentimentos em seus maiores aliados e orientadores. Desde muito menina, devido ao meu jeito introspectivo de ser, aprendi a dar voz a meus sentimentos e pensamentos por meio da escrita.

Foi a maneira que encontrei de estar conectada comigo, e, ao longo dos anos, fui mergulhando e me autorizando a viver essa verdade que é o caminho do coração!

Vivemos em um mundo de muitas mudanças e exigências, não é mesmo? A velocidade das informações e dos acontecimentos muitas vezes nos deixa atônitos e confusos, sem saber o que fazer. Somos assolados pelas circunstâncias e pelos fatos da vida, e não nos damos conta de que não temos tempo para entrar em contato com as nossas emoções e sentimentos.

Nessa demanda há espaço para a circulação dos afetos e sentimentos? Qual é a razão de tanta violência nas famílias, nas escolas e na sociedade? Nessa minha jornada, descobri que muitas das causas de dores e infelicidades estão na distância que vamos tomando de nós mesmos em prol do cotidiano e das exigências a que nos submetemos no nosso dia a dia.

Esquecemo-nos de ser, de sentir, de sonhar e de realizar; esquecemo-nos de perguntar a nós mesmos o que queremos e em que acreditamos. Vamos vivendo. Aceitando os desafios da vida. Amor, alegria, raiva, tristeza, coragem, medo, vergonha, confusão, potência, impotência, paixão... Tudo isso acontece dentro da gente! E o que fazemos com esse turbilhão de sentimentos e emoções que nos acompanham em nosso dia a dia? Como lidar com eles? O que devemos fazer quando sentimos raiva, tristeza e amargura? E quando sentimos alegria, amor e coragem?

Passamos a maior parte do tempo camuflando nossos sentimentos porque não nos parece correto falar sobre eles. Não fomos ensinados a lidar com sentimentos e emoções. Ensinaram-nos o que é certo e o que é errado, o que podemos e o que devemos fazer, mas, e nossas emoções, o que fazemos com elas?

Atravessamos a vida negando nossas emoções e não nos damos conta de que isso vai nos retalhando, vai nos trazendo dores e tristezas, e assim nos tornamos um vulcão a ponto de explodir a qualquer momento. Vamos nos afastando de nós mesmos e das pessoas; tornamo-nos mais irritáveis e violentos. Falar dos nossos sentimentos e emoções ainda é um tabu, e, muitas vezes, nos negamos a fazer isso em prol do profissionalismo, das funções que exercemos e da nossa própria rotina.

Parece-me que a violência é resultado de emoções reprimidas e negadas durante todo o processo de ser e estar no mundo. Não podemos nos esquecer de que somos seres sociais, constituímo-nos e nos reconhecemo na relação com o outro. O outro nos convida a rever valores e conhecimentos, mobiliza sentimentos e afetos, possibilita-nos repensar, revisar e nos transformar a partir das relações e das tarefas que realizamos coletivamente.

A circulação dos afetos na vida nos habilita desenvolver a capacidade do autoconhecimento, do conhecimento do outro, gerando-se então uma relação de respeito mútuo e de corresponsabilidade para transformar a realidade em que estamos inseridos. Dar voz a nossos sentimentos e emoções é um exercício que podemos nos dispor a fazer em nosso cotidiano e, posso garantir, por meio dele vislumbraremos uma vida de maior inteireza, responsabilidade e leveza. Quer experimentar?

Quero começar contando a você minha história pessoal.

Eu sou gêmea univitelina, e passei a maior parte da minha escolaridade buscando diferenciar-me a partir das minhas emoções e sentimentos; sem muito sucesso. O maior desafio dos gêmeos univitelinos é a diferenciação e, no meu ponto de vista, quando aprendemos a trilhar o caminho dos afetos imediatamente vamos nos diferenciando das pessoas no nosso entorno.

Fui uma aluna quieta e muito obediente, embora intensa nas minhas emoções, que foram reprimidas e camufladas durante meu percurso escolar. Desejava ansiosamente que meus professores pudessem "ler-me" e me ajudar a dar voz às minhas emoções. Mas isso não aconteceu. Além disso, passei grande parte da vida sendo comparada e tratada como uma pessoa igual à minha irmã gêmea. Embora sejamos muito semelhantes fisicamente, a verdade é que cada uma de nós tem um jeito particular de ser.

Esconder minhas emoções gerou em mim muitas dores e aprendi ainda menina a expressar meus sentimentos com a ajuda da caneta e do papel, e isso foi o início da minha cura. Ainda muito jovem, decidi que seria professora e, quando chegou a hora de decidir o que estudar, eu escolhi o magistério e, posteriormente, a psicologia.

Na verdade, descobri que a minha escolha profissional se deu primeiro por uma ideologia e, depois, porque desejava curar as dores vindas da infância; desejava fazer que meus alunos aprendessem a reconhecer, nomear e compartilhar seus afetos e desafetos, assim como meus filhos aprenderam. Foi com eles, no desejo de ensiná-los a transitar pelas emoções, que eu pude aprender a lidar com elas e utilizá-las como grandes aliadas em minha jornada.

Educar significa se desenvolver de dentro, ou seja, é preciso um caminho de autodesenvolvimento e investimento para educar-se, pois "ninguém leva ninguém para um lugar desconhecido!". Só somos capazes de oportunizar algo a alguém se já traçamos o caminho a ser percorrido. Desse modo, eu entendi no percurso vivido que, se eu desejava ensinar os meus filhos e meus alunos, teria que viver e aprender a fazer primeiro.

Criei um projeto na escola intitulado "A circulação dos afetos na vida e na escola", do qual lancei mão ao longo de 18 anos no exercício do magistério, e não parei mais. Constatei em mim muitos ganhos: conheci mais a fundo minhas possibilidades e fragilidades, passei a me reconhecer como indivíduo único para poder reconhecer os demais, adquiri capacidade para estar nas relações com mais inteireza e, sem sombra de dúvida, constatei uma mudança qualitativa nos meus relacionamentos, que se tornaram mais honestos e autênticos.

Inicialmente, a minha jornada se deu guiada pela minha própria dor, e, no ano 2000, fiz a especialização em Psicologia Social Pichoniana. Foi ela que me deu ferramentas e respaldo teórico para assumir cem por cento a responsabilidade pela minha vida, por intermédio do diálogo com meus sentimentos. Foi um grande divisor de águas e é isso que desejo partilhar e ensinar a você neste livro.

Quero dizer a você que se trata de um grande processo. Estou convivendo há algum tempo com momentos de facilidades e dificuldades, mas estou firme e desejo partilhar.

Essa foi a maneira que encontrei de olhar para dentro e me desenvolver, e a minha expectativa é de que a minha trajetória possa fazer sentido para você e criar possibilidades. Não é uma caminhada fácil, ainda enfrento desafios, mas, sem sombra de dúvida, a cada vez que mergulho, eu aprendo mais sobre mim, sobre meus relacionamentos, e posso fazer transformações e tomar decisões conectadas ao meu sentir.

Proponho um passo a passo acerca de como transformar suas emoções e seus sentimentos em verdadeiros aliados e como desenvolver a partir dos 10 passos apresentados aqui uma educação mais saudável para seu filho e/ou aluno.

O número de crianças medicadas e com transtornos cresce a cada dia, e o índice de suicídio entre os jovens aumentou em duzentos por cento.

Os números são alarmantes e assustadores! E eu acredito que nós, educadores e pais, podemos mudar esse cenário cuidando de nossos comportamentos, assumindo a nossa responsabilidade, lidando com nossos afetos, desenvolvendo a autoridade amorosa, bem como oferecendo recursos e ferramentas para que nossas crianças possam ter uma educação mais saudável.

Desse modo, eu criei um modelo para melhorar sua relação com seus filhos por meio de uma educação mais saudável e afetiva, que, no meu modo de entender, ajudará a realizar sua tarefa com maior excelência, leveza e segurança.

Ao longo dos capítulos deste livro, você será convidado(a) a realizar alguns exercícios propostos. É fundamental que os realize, pois a escrita também é curadora, uma vez que permite fazer contato com seus sentimentos e pensamentos, bem como colocar luz em mecanismos de defesa, contribuindo para uma maior consciência.

As informações que compartilhei aqui só poderão se tornar conhecimento e fazer sentido se você praticar!

Acredito, de fato, que a prática potencializa o processo de autoconhecimento e de encontro com você mesmo; e quanto mais você estiver empoderado, mais fortalecido estará para exercer seu papel de pai/mãe ou professor. É por meio da prática que poderá confrontar, questionar, fazer descobertas e transformar as informações em conhecimento para a vida!

Por uma educação mais saudável e afetiva

Para isso, é fundamental que realize os exercícios propostos nos capítulos com as minhas orientações. Sugiro que você utilize um caderno para fazer os registros. Faça a leitura e os exercícios no seu tempo e ritmo. Não tenha pressa! Estarei com você nesse passo a passo. Você tem acesso ao meu e-mail e pode escrever para mim sempre que tiver necessidade e vontade. Esteja certa(o) de que irei responder!

Vamos juntos(as)? Estou com você!

I
O cenário atual nas famílias e nas escolas é alarmante

Passo 1 – observando o cenário atual na escola ou na família

Você sabia que uma a cada cinco crianças estão sofrendo de ansiedade ou depressão, são medicadas ou já tem transtornos?

Esses dados são alarmantes e muito tristes. Vejo esse cenário nas escolas e nas famílias e isso me entristece e me angustia. Tantos anos na escola e no trabalho com grupos, tanto com adultos quanto com as crianças, me deram a oportunidade de observar e pesquisar os fatores desse cenário. Há muitos elementos que favorecem essa situação atual; porém, dentro dos meus estudos e da minha prática, eu acredito que um fator relevante para esse cenário que foi potencializado com a pandemia é a dificuldade de fazer contato com os afetos. Tenho observado recorrentemente nos cursos que ministro e no acompanhamento de alguns adultos a grande dificuldade para fazer contato com os sentimentos e as emoções; e isso vai gerando indivíduos frágeis, inseguros e dependentes emocionalmente, que ficam adoecidos.

Constato que vivenciar esse aprendizado na vida adulta é mais exigente, embora seja libertador! Felizes os adultos que se dispõem a esse processo!

Nós educadores e pais precisamos urgentemente assumir a nossa autoridade e responsabilidade, fortalecendo o autoconhecimento e nos aprofundando nos afetos para que possamos ensinar as nossas crianças a como percorrer esse caminho. Geralmente, nós temos muita dificuldade para nomear e reconhecer os nossos sentimentos, já que não fomos ensinados a fazer isso. Nosso dia a dia é carregado de obrigações, exigências, compromissos e muitas informações. Não há tempo para parar e identificar o que estamos sentindo, e isso vai nos afastando de quem somos e do que queremos.

Ainda crianças, aprendemos a partir das vivências que falar e expressar sentimentos é ficar vulnerável; e assim vamos criando inconscientemente nossos mecanismos de defesa e também fazemos a cisão com nosso coração. São raras as famílias que transitam pelos afetos com verdade e espontaneidade! Essa é uma marca cultural que carregamos há alguns séculos. Na escola nos ensinam muitas coisas, mas não somos instruídos a olhar para dentro de nós mesmos e indagar: "O que estou sentindo?"; "O que está acontecendo comigo?".

Somos seres sociais e nos constituímos a partir das relações que construímos, das vivências que experimentamos, das informações que absorvemos, dos aprendizados que a vida nos proporciona, e tudo isso mobiliza em nós sentimentos que ficam esquecidos e camuflados, pois não sabemos como reconhecê-los nem o que fazer com eles.

Quando não fazemos contato com nossos afetos, imputamos a nós uma distância de quem somos, bem como ficamos adormecidos para a vida e reagimos muito mais aos fatos e circunstâncias. Quando reagimos temos dificuldade para acolher e assumir a nossa responsabilidade.

Uma das primeiras ferramentas que ensino no curso é a ferramenta que denominei de respiração. Tudo aquilo que está fora de nós nos afeta, o que significa que gera pensamentos e sentimentos, mas como estamos mergulhados na demanda do cotidiano, na correria das nossas responsabilidades, não temos tempo para parar e indagar.

O recurso da respiração nos confere a possibilidade de agir com maior coerência, amorosidade e responsabilidade diante das mais diversas situações.

Mas afinal, que exercício da respiração é esse?

Eu o(a) convido a nas mais diversas situações do seu dia a dia com seu filho ou aluno, parar, respirar e se perguntar: "O que isso que está acontecendo me faz pensar?", "O que isso me faz sentir?".

Ao tomar posse dos seus pensamentos e sentimentos você faz a terceira pergunta: "Como posso agir agora?", "Qual é a minha responsabilidade nesse cenário?".

Vou lhe dar um exemplo meu para que possa compreender melhor. Quando meu filho me desafiava ou me enfrentava, eu sentia muita raiva e desconforto; e como não sabia esse exercício, eu reagia a essa emoção batendo nele ou gritando e, claro, o desdobramento posterior você já conhece: culpa, desconforto, impotência e dor.

À medida que fui estudando, fui praticando o exercício da respiração.

Veja a diferença na mesma situação citada.

Quando meu filho tinha esse comportamento e eu estava decidida a fazer diferente, eu parava, respirava muitas vezes e me indagava:

- **O que esse comportamento me faz pensar?**

Que ele está me desrespeitando e testando meu limite.

- **O que me faz sentir?**

Raiva e desconforto.

- **O que posso fazer agora?**

Respirar e me acalmar para depois resolver essa situação.

- **Qual é a minha responsabilidade nesse cenário?**

Eu estou esticando o limite e me perdendo...

Essa articulação entre pensamentos e sentimentos me permitiu reconhecer a minha raiva e reconhecer que se agisse dominada por ela o desdobramento seria muito ruim para mim e para ele. Percebi por meio das perguntas a minha responsabilidade, uma vez que eu mesma estava esticando o limite e depois não conseguia sustentar. Aprendi a tomar uma distância e respirar, respirar, respirar... (aqui meu objetivo foi me acalmar!) Após ter dominado a minha raiva, eu consegui atuar de um outro lugar e disse a ele:

"Esse comportamento me faz sentir raiva e eu fico muito brava, mas não vou nem gritar, nem bater em você. Não vai conseguir o que quer agora (exemplo: brincar no parquinho) e, se você não consegue compreender, pode ir para o seu quarto e ficar lá até se acalmar, porque eu não quero conversar com você agindo desse jeito."

Preciso te dizer que com o meu filho essa atitude foi milagrosa! Não dar atenção a ele e não conversar foi muito pior do que gritar ou bater. Eu o ignorava até que ele pudesse conversar comigo de outro jeito. Assumir a responsabilidade pela falta de limite do meu filho me gerou muita dor, mas também muita possibilidade! Reconhecer a minha responsabilidade gerou novos movimentos e atitudes.

Assumir essa postura com regularidade foi mudando a atitude do meu filho a partir da minha atitude. Utilizei algumas estratégias que apresentarei aqui neste livro: Regras e combinados bem estabelecidos, consequência lógica, antecipação, entre outros.

Viu? Não é tão difícil assim! Você precisa fazer a articulação entre seus pensamentos e sentimentos e buscar uma nova atitude que faça sentido para você.

Quer tentar?

Na maioria das vezes, reagimos às atitudes dos nossos filhos ou alunos em decorrência das nossas emoções e o fazemos de modo inconsciente. Fazer contato com o que pensamos e sentimos nos confere a possibilidade de tomar consciência e reorientar as nossas ações.

Registre uma situação com seu filho ou aluno que provoque desconforto em você e faça o exercício da respiração e realize uma nova atitude que não seja uma reação, mas uma ação consciente. Faça isso mais de uma vez e observe os resultados. Se puder compartilhe comigo a sua experiência.

É importante lembrar que os comportamentos inadequados da criança são uma demonstração de sentimentos com os quais ela ainda não aprendeu a lidar. O enfrentamento e a desobediência, por exemplo, revelam que a criança está sentindo raiva, tristeza e/ou frustração e ela não sabe como lidar com isso.

Nós somos responsáveis por ensiná-las!

Mas para isso se faz necessário compreender e investigar se nós, adultos, sabemos lidar com nossas raivas, tristeza e ou frustração.

Bom momento para você refletir, indagar e registrar: "O que faz você sentir raiva, tristeza ou frustração?", "Como você demonstra esses sentimentos?".

Minha experiência na educação e com grupos de crianças e adultos me confere a propriedade para afirmar que a falta de contato com os sentimentos, a distância que vamos tomando de nós mesmos, a fragilidade do papel que ocupamos e a dificuldade para enfrentar as adversidades, frustrações e temores geram um cenário de violência e de adoecimento entre adultos e crianças. Quando nós, adultos, estamos mais empoderados e ocupamos nosso papel de educar, assumimos a nossa autoridade lidando com os afetos e ficamos mais fortalecidos para ajudar as nossas crianças.

Constato nesse processo a possibilidade de gerar um ambiente mais acolhedor, mais humanizado e mais educativo para nós e principalmente para as nossas crianças.

É claro que é uma tarefa exigente! Exige decisão, coragem, investimento e amorosidade!

Decisão para assumir a nossa responsabilidade e o desejo de mudar, coragem para poder reconhecer as nossas possibilidades e fragilidades desse processo, investimento para buscar novas saídas e ferramentas de mudança e muita amorosidade conosco mesmo e com nossos filhos e/ou alunos.

Se você está lendo este livro, estou certa de que está convencida(o) quanto à importância desses procedimentos para o processo.

Vamos iniciar juntos essa jornada?

Tenho certeza de que esse caminho lhe dará maior confiança, segurança, habilidade e assertividade para realizar as mudanças que deseja e mudar o cenário.

Para que possamos dar continuidade, observe o cenário da sua casa ou sala de aula e registre os desafios atuais que você está enfrentando.

Em seguida, responda às perguntas:

> **O que esse cenário faz você sentir?**
> **O que faz você pensar?**
> **Suas atitudes são ações conscientes ou reações às suas emoções?**
> **Qual é a sua responsabilidade nesse cenário?**
> **Que mudanças você já consegue realizar?**
> **Eleja uma situação para tentar um novo comportamento. Ouse, observe, confie em si!**

II
Nós somos responsáveis pelos adultos de amanhã!

Passo 2 – assumindo a responsabilidade pelo cenário

Como trabalho também com adultos e jovens, vejo diante de mim muitos deles adoecidos emocionalmente, enfraquecidos e dependentes. Desejam fortalecer suas possibilidades e, muitas vezes, ingressam num dos cursos que ministro com essa finalidade. Muitas das dores e impossibilidades deles estão nas experiências da primeira infância. Rótulos e verdades assumidas que os cristalizaram e/ou paralisaram na experiência de dor e imputaram a eles um comportamento.

Triste, né!? Mas nós podemos fazer diferença nesse cenário com as crianças, tornando os jovens e adultos mais empoderados, autônomos, protagonistas e felizes. Eu e você também tivemos que rever experiências infantis dolorosas para poder nos curar. É assim com todo mundo, mas quando aceitamos essa afirmação podemos "cuidar" das nossas atitudes e comportamentos para criar menos dor e sofrimento para as crianças.

Nós, mães, pais, avós, somos responsáveis pelos adultos de amanhã!

Você já parou para refletir sobre essa afirmação?

O que essa afirmação te faz pensar?

O que te faz sentir?

Imagino que a priori deve dar um frio na boca do estômago, não é mesmo? A princípio assumir a nossa responsabilidade nos dá medo, mas na medida em que vamos nos aprofundando nessa tarefa vamos nos sentindo mais fortalecidos e capazes; e, sem sombra de dúvida, fazer a diferença na vida dos nossos filhos ou alunos nos proporcionará maior alegria e realização.

Para que você possa entender um pouco mais essa responsabilidade, é fundamental que conheça o conceito de mundo interno da Psicologia Social Pichoniana.

É na primeira infância que nos constituímos e é a partir dessas vivências que constituímos as nossas verdades, crenças, valores e aprendemos a nos vincular, relacionar, comunicar e a nos comportar nos mais diversos ambientes em que transitamos. São com essas primeiras experiências infantis que nos desenvolvemos e é a partir delas que nos tornamos os adultos de hoje, e as nossas crianças os adultos de amanhã.

Pare um pouco e reflita sobre o adulto que você é hoje.

Quantas verdades, crenças e comportamentos estão pautados na sua experiência infantil? (Reflita um pouco sobre essa pergunta e faça contato com o que você sente e pensa! Se for possível, anote.)

Para que compreenda melhor como se dá esse processo, vou apresentar o conceito de **mundo interno**. Somos seres sociais e nos constituímos a partir das relações que estabelecemos e dos grupos de que fazemos parte. Integramos grupos desde o nosso nascimento e, é por intermédio das primeiras experiências no grupo familiar que constituímos o que Pichon-Rivière denomina **mundo interno**.

O mundo interno são lembranças pessoais de quando éramos crianças: nossas vivências, emoções, acontecimentos e relações que fomos constituindo.

Nosso mundo interno é um grupo interno. Desde o nascimento, somos inseridos em grupos e nosso primeiro grupo é a família. É como resultado da experiência no grupo familiar que nos constituímos como sujeitos e aprendemos a nos vincular, a nos relacionar e a nos comunicar. Ao longo da vida, vamos construindo nosso mundo interno. Nossa família é nosso primeiro contato com o mundo, nosso primeiro grupo de pertença.

Nosso mundo interno se caracteriza por vivências, personagens, cenários e relacionamentos que vamos experimentando. São essas primeiras experiências que nos ensinam a ser e nos constituem, formando-se assim nosso mundo interno e nossas matrizes de aprendizagem.

Essas primeiras experiências constituem as nossas matrizes de aprendizagem, e nossas vivências são incorporadas e transformadas em modelos internos do aprender. São muitas as matrizes de aprendizagem que decorrem da nossa infância, porém essa aprendizagem é inconsciente, e é por meio dela que vamos para o mundo.

Para ilustrar uma caricatura do processo de constituição de mundo interno e das matrizes de aprendizagem, vamos a um exemplo:

Imagine que a Mariazinha nasceu em uma família constituída por pai, mãe e dois irmãos. Os pais trabalham fora e as refeições são feitas com todos os familiares presentes. Cada refeição é um momento em que são compartilhadas as experiências significativas do dia. Todos se comunicam com facilidade e estão habituados a falar sobre seus pensamentos e sentimentos com naturalidade. Os pais tomam as decisões conjuntamente e ambos são responsáveis pelo sustento da casa.

Por sua vez, Joaninha nasceu em uma família constituída por pai, mãe e um irmão. O pai trabalha fora e a mãe cuida dos afazeres da casa e dos filhos. As refeições ocorrem, na maioria das vezes, em silêncio, pois a mãe cuida para que o pai não se aborreça. O pai toma as decisões e é desta maneira que se instala a dinâmica familiar. Os afetos não circulam.

Tanto a Mariazinha quanto a Joaninha internalizaram matrizes de aprendizagem a partir da vivência no grupo familiar. Todos nós desejamos ser amados e aceitos, e é na vivência familiar que aprendemos a nos vincular e a nos comunicar. Não nos cabe fazer nenhum julgamento, apenas apresento essa caricatura para uma melhor compreensão de como fomos constituídos. Mariazinha aprende no seu grupo familiar a expressar o que pensa e sente, e é dessa forma que ela se vincula, se comunica e entende que será aceita e amada. Por conta de sua vivência, ela internaliza que o casal é responsável pelas decisões e pelo sustento da casa.

Já Joaninha aprende no grupo familiar que, para ser amada e aceita, não precisa comunicar seus pensamentos e sentimentos e, a partir do modelo vivenciado, ela internaliza que o pai é o provedor e a mãe cuida da família e acata as decisões tomadas pelo pai. Na constituição do nosso mundo interno a partir das vivências e dos vínculos que vamos constituindo, construímos internamente e inconscientemente as nossas matrizes de aprendizagem, crenças e verdades. É no grupo familiar que aprendemos a nos vincular e a nos comunicar a partir da vivência. O nosso "universo interno" está em constante movimento e se produz a partir das relações que constituímos e dos grupos nos quais somos inseridos. À medida que vamos crescendo, inserimo-nos em outros grupos.

O segundo grupo de pertença é a instituição escolar, que deveria ser, mas não é, o espaço para tratar as diferenças, oferecendo aos educandos a oportunidade de transformar suas matrizes de aprendizagem.

Tratar as diferenças não é simplesmente reconhecê-las, mas, no meu ponto de vista, criar situações reais nas quais integrantes de um grupo possam se articular, problematizar e enfrentar juntos os obstáculos presentes nas relações e no processo de aprendizagem. O nosso mundo interno é um sistema aberto, e isso significa que podemos transformá-lo, algo que só é possível diante de personagens ou cenários diferentes. O cenário diferente, desconhecido e novo causa medo. Geralmente, paralisamos diante dele e ficamos na nossa zona de conforto.

Mergulhar no nosso mundo interno faz que tomemos consciência das nossas matrizes de aprendizagem, das nossas verdades, crenças e valores. Para realizar mudanças, há necessidade de compreender como agimos e por quê. Muitas das nossas matrizes de aprendizagem tornam-se crenças limitantes, e elas são as nossas maiores armadilhas no cotidiano. As matrizes de aprendizagem tornam-se crenças para nós quando a definimos como verdades.

Você e eu somos o produto das nossas vivências e experiências e grande parte delas adquiridas na primeira infância. Do meu ponto de vista esse conceito nos confere a oportunidade de nos conhecer melhor e também de questionar quais são as experiências que estamos oferecendo para as nossas crianças. Revisite seu mundo interno e procure tomar consciência de um comportamento que tem hoje na fase adulta e que é resultado da sua experiência infantil.

Nós, assim como as crianças, aprendemos a partir das nossas vivências, aquilo que vamos experimentando e sentindo em nosso dia a dia! E cuidar do ambiente em que a nossa criança transita é nossa responsabilidade; e podemos fazer isso de uma forma mais leve, responsável e amorosa.

Se você está lendo este livro, certamente é por que deseja se fortalecer ainda mais. Quero dizer a você que, à medida que vamos nos conhecendo mais, tomando consciência das nossas potencialidades e fragilidades, das nossas atitudes e comportamentos, podemos ficar mais alertas para agir com maior segurança e coerência com as crianças. Quando nós mudamos nossos comportamentos imediatamente modificamos o cenário em que estamos inseridos! Um dos disparadores para o meu processo de mudança como mãe foi a experiência com meu filho mais novo, que tinha comportamento de birra, de enfrentamento e de não acatar os meus pedidos. Muitas vezes eu me irritei, me estressei, gritei e bati nele, e o resultado posterior foi muito ruim porque eu ficava destruída me sentindo incapaz, impotente e inadequada.

Você se reconhece? Já se sentiu assim?

Ter atitudes inadequadas e errar faz parte do processo de nos tornamos pais. Também precisamos exercer a amorosidade conosco mesmos. Certamente, esses sentimentos que são mobilizados com essas atitudes nos deixam paralisados e tristes. Aceite esse momento, perdoe-se entendendo que todos passamos por isso e saiba que somos nós – você e eu – que podemos mudar esse cenário a partir da nossa mudança. Mas isso exige decisão, coragem, investimento e muita amorosidade. Assim como eu fui capaz, você também é!

No cenário com meu filho, em um momento de angústia e dor eu resolvi fazer diferente, resolvi buscar novos caminhos e ter novas atitudes para modificar o cenário de estresse e briga.

Assista ao vídeo que conto um pouco dessa experiência com meu filho no meu canal do YouTube: Maria Amália – caminhos do coração.

Depois de assistir, reflita e indague.

O que você pensou? O que você sentiu?

Vou lhe convidar para fazer contato com seus sentimentos e seus pensamentos em muitos momentos da jornada com esta leitura por que é essa reflexão que permite fazer contato com você mesmo e vai gerando possibilidades de mudança de comportamento.

Percebeu como foi a minha atitude quando assumi cem por cento a minha responsabilidade?

Por uma educação mais saudável e afetiva

Constatar os comportamentos do meu filho gerava dor e sofrimento para ele e para mim, além dos desdobramentos ruins para a nossa família. Olhar para isso não foi fácil, mas foi libertador! Por que se somos responsáveis pelo cenário criado no nosso ambiente e por nosso filho, podemos modificá-lo. Vislumbrar o que não está dando certo gera dor e angústia, mas se somos capazes de suportar esses sentimentos podemos buscar recursos de enfrentamento e de mudança. Foi por essa razão que eu escrevi este livro, a fim de apresentar para você esse passo a passo.

Convido a registrar quais são os comportamentos do seu filho que geram em você angústia, impotência ou desconforto. Em seguida, registre quais são as suas atitudes com relação a esses comportamentos.

> **O que você pensa? O que você sente?**
> **O que será que seu filho deseja comunicar?**
> **Que atitudes suas contribuem para esse cenário?**
> **Alguma ideia de atitude diferente?**
> **Que tal experimentar? Confie em si e ouse...**

Boa empreitada!

Estou com você! Se precisar de ajuda, me escreva.

III
Você age ou reage na relação com seu filho?

Passo 3 – agir com maior intencionalidade, antecipação e assertividade

O cotidiano é tão exigente e cheio de demandas que muitas vezes nós reagimos às atitudes e aos comportamentos dos nossos filhos e posteriormente nos arrependemos e nos sentimos péssimos! Esse é um cenário comum tanto nas escolas quanto nas famílias. Em muitas situações com as crianças nós reagimos aos comportamentos delas mobilizados pela nossa emoção e, geralmente, o desdobramento posterior é de culpa, arrependimento e dor. Isso é muito ruim e, como já contei no capítulo anterior, ficamos destruídas(os).

A reação faz parte de todo ser humano e a boa notícia é que podemos cuidar mais dela nos mantendo mais conscientes e presentes nas relações. Somos seres sociais, relacionais e duais e o tempo todo estamos interagindo com pessoas e o ambiente à nossa volta.

Todas as situações nos afetam, o que significa que despertam em nós pensamentos e sentimentos. Se nos dispusermos a nos auto-observar, constataremos que nas mais diversas situações somos afetados pelas circunstâncias e pelos fatos cotidianos.

Quer experimentar? Observe-se durante um dia e, em situações variadas do seu cotidiano, pare e pergunte-se:

"O que isso me faz pensar?", "O que isso me faz sentir?".

Se tiver tempo e disponibilidade, anote o fato e os pensamentos e sentimentos gerados por ele. Em nosso cotidiano temos uma tendência natural a reagir aos fatos e circunstâncias da vida. Por quê? Porque geralmente não paramos para nos observar, respirar, perceber o corpo e dar voz a nossos sentimentos. O que acontece é que ligado no "piloto automático" reagimos aos fatos e isso vai nos retalhando e dificultando que assumamos nossa responsabilidade. Podemos cuidar desse mecanismo, e a melhor maneira de fazer isso é cuidando e tomando consciência de nossas atitudes, decisões e escolhas. Você já conhece o exercício da RESPIRAÇÃO e a importância de investigar seus pensamentos e sentimentos diante dos fatos do dia a dia, não é mesmo? Que tal utilizar esse recurso em seu dia a dia como aliado para reagir menos?

Pode a partir de hoje lançar mão desses exercícios e escolher agir ou reagir!

Atenção: a reação é uma resposta automática aos fatos e ao cotidiano, e a ação consciente exige a auto-observação, a respiração, diálogo interno e entrar em contato com as emoções para escolher qual é a melhor atitude a ser tomada.

Vejamos um exemplo:

Imagine que você chegou em casa bastante cansada e tudo o que quer é o silêncio e, bem nesse dia, seu filho está mais manhoso e se recusa a atender às suas solicitações. Qual será o desdobramento dessa cena? Já podemos imaginar... Se deixamos a emoção tomar conta de nós certamente a atitude será reativa ao comportamento do filho, mas se estamos no exercício de autoconsciência e autorresponsabilidade podemos agir com maior tranquilidade e amorosidade.

Observe a atitude reativa e a atitude consciente.

1. Atitude reativa

O cansaço é tão grande e sem a menor paciência para esses desdobramentos é natural responder reativamente a essa criança, gritando ou batendo nela. Sem perceber as nossas emoções, reagimos ao comportamento da criança muito mobilizados pelo cansaço e pelo sentimento envolvido. A reação é imediata à ação da criança e uma resposta automática aos fatos. Provavelmente posterior à reação, o desdobramento acaba sendo ainda pior, pois a criança tende a explicitar seu desconforto e você sente-se acabada e sem forças para administrar o ocorrido. Acalme-se; todos vivemos situações como essas! O importante é poder revisitar os fatos e redirecionar.

Faz sentido? Reconhece-se?

Está tudo bem! Todos nós, mães e pais, passamos por isso! Faz parte do processo, mas se desejamos cuidar mais de nós e da nossa criança podemos cuidar dessa empreitada. Quero ressaltar que no movimento de nos reorientar como educadores, buscando processos de mudança, é de fundamental importância cultivar a amorosidade consigo mesmo. Gosto sempre de pensar que o processo de realizar mudanças e de aprender novos comportamentos é como a criancinha aprendendo a caminhar. Ela primeiro fica em pé e, aos poucos, vai se firmando para dar os primeiros passos. Até se sentir segura, ela cai e levanta muitas vezes. Esse é o processo de aprender. Conosco também é assim... portanto, quando errar ou agir de uma maneira "inadequada" se reoriente e pense nesse processo de aprendizado.

Diga a si mesmo(a): "Está tudo bem! Estou reaprendendo e me reorientando!"

2. Atitude de uma ação consciente

O exercício exige uma parada (respiração), indagação acerca dos fatos e sentimentos e posteriormente uma nova ação que certamente será geradora de um novo cenário. Neste caso podemos dizer para a criança que estamos cansadas e precisamos da sua cooperação para atender às solicitações e que contamos com ela nessa empreitada! Estamos nos antecipando e cuidando de nós e da criança à nossa frente! E quero te contar que as crianças adoram quando são incluídas para cooperar!

Experimente usar esse recurso de antecipação da situação e cuidado com você e com a criança, e observe o resultado.

Dá trabalho? É exigente? Com certeza! Mas vale muito a pena!

Agir com maior responsabilidade, amorosidade e assertividade no cotidiano é uma tarefa que demanda treino, disciplina, auto-observação e regularidade. Mas os resultados são libertadores e muito potencializadores! Sugiro que você escreva uma lista de atitudes do seu filho que geralmente te aborrecem e que mobilizam ações de reação.

Atitudes e reação:

(Escreva pelo menos três)

Releia o que você escreveu e indague:

"O que te faz pensar? O que te faz sentir?"
"O que seu filho está querendo comunicar?"
"Que atitudes suas contribuíram para esse cenário?"
"O que isso tem a ver com a sua história?"
"É possível agir diferente? Como?"

Mudança de atitude reativa para atitude consciente.

Quando você faz a articulação entre pensamentos e sentimentos é possível experimentar novas atitudes. Os sentimentos dão pistas da nossa reação!

Vou dar-lhe outro exemplo:

1. Atitude reativa de uma mãe

"Dá pra ficar quieto(a)?! Você não para, está sempre gritando!"

A criança sente-se rejeitada e inadequada e é provável que continue tentando tudo para chamar a atenção da mãe. Ela sente a energia da emoção e pode ter nova reação à repreensão. Isso acontece e, muitas vezes, nós mães nem imaginamos que uma declaração como essa rotula a criança e a coloca num lugar estereotipado que pode gerar danos posteriores.

É preciso cuidado e muita atenção!

Podemos usar o recurso da antecipação comunicando ao filho(a) o que estamos sentindo e solicitando cooperação.

Veja: "Hoje a mamãe teve um dia difícil! Estou cansada e aborrecida! Preciso de alguns minutos quieta. Você pode me ajudar com isso?"

Desse modo a criança sente-se acolhida, reconhecida, importante e fará o possível para cooperar.

2. Atitude de ação cuidadosa e consciente

Nós mães devemos estar atentas às nossas emoções e sentimentos. Se já reconhece a irritação presente precisa, neste dia, cuidar mais ainda do papel e da tarefa a ser realizada. O recurso da antecipação – quando nos antecipamos aos fatos geradores de estresse ou conflito – nos dá a possibilidade de cuidar da criança e de nós mesmos.

Uma ação antecipatória e não reativa neste caso seria se antecipar à criança que geralmente contesta e apresenta dificuldade, trazendo-a para perto e solicitando a ela uma atitude cooperativa.

"Hoje preciso que você me ajude com as atividades para que possamos realizar todas de um jeito bacana, pode ser?"

Volto a dizer que as crianças respondem muito bem à solicitações de cooperação, pois sentem-se importantes e desafiadas. Dessa forma, é dada a ela uma responsabilidade para cooperar e certamente cuidará para não ter os comportamentos habituais.

Vale a pena experimentar!

Use esse recurso e observe os desdobramentos!

Para não cair nas armadilhas da reação é fundamental que você faça contato com seus sentimentos, use o exercício da respiração e da antecipação e cuide para ter uma ação mais amorosa e cuidadosa.

Tente! Ouse! Experimente!

Depois compartilhe comigo. Se quiser sugestões, me escreva; terei muito prazer em contribuir.

IV
O papel de educador – pai e mãe – e seus desdobramentos na vida da criança

Passo 4 – empoderando-se de seu papel de educador

Você tem clareza de qual é sua tarefa como educador? Nós mães temos uma grande responsabilidade na educação das crianças e temos tarefas específicas nesse papel. Muitas vezes nos relacionamos com nossas crianças desprovidos do nosso papel, e isso causa dores posteriores e muitos desdobramentos ruins para a relação e a tarefa que nos cabe. Quantas vezes você agiu impulsivamente sem cuidar do seu papel e de sua ação? Fazemos isso muitas vezes no nosso cotidiano e meus estudos e experiências confirmam que esse é um dos maiores problemas da atualidade: atuar com fragilidade ou pouca clareza quanto ao papel que estamos ocupando.

Para isso, vou compartilhar com você um conceito importante sobre os papéis sociais. Eles definem a natureza vincular a partir da assunção e atribuição de papéis. Quando eu assumo um papel, imediatamente atribuo um papel ao outro. Quando assumo o papel de mãe, imediatamente atribuo ao outro o papel de filho. Os vínculos e a comunicação se dão a partir dos papéis sociais. O papel social que ocupo determina a natureza vincular e a maneira como me comunico.

Ocupamos muitos papéis na vida e quando estamos nas relações e nos grupos estamos inteiros, pois não somos constituídos como caixinhas acomodadas no mundo interno. Essa multiplicidade e complexidade de papéis exige um investimento e uma atenção especial. Somos afetados constantemente por personagens e cenários e, dependendo do grau em que somos mobilizados, é muito fácil sair do papel.

A vida nos coloca em armadilhas constantes e saímos do nosso papel instituído com muita facilidade!

Fui coordenadora pedagógica em algumas escolas e enfrentei muitos desafios. Lembro-me de uma situação que foi um grande aprendizado para mim.

Graças a ela, pude usar o exercício da respiração e a reflexão sobre meu papel.

Uma professora da minha equipe ficou viúva repentinamente e, claro, muito triste com a situação vivida. Além dos nove dias de licença garantidos por lei, dei a ela mais quinze dias para se recuperar. A professora voltou ao trabalho muito abatida, e mesmo com a possibilidade de mais uma licença, não a requisitou. Ela trabalhava com crianças de oito anos e, além das faltas frequentes, ainda estava muito abalada.

Por diversas vezes conversei com ela, sugerindo que tirasse mais alguns dias de licença. Sua dor e tristeza me mobilizaram muito. Eu sentia compaixão e compreendia seu pesar. No entanto, seu estado emocional e sua dor interferiam na dinâmica da sala de aula e da equipe. Foi um momento de crise para mim. Meu lado humano compreendia a situação e entendia a necessidade dela de se manter na escola, porém, como coordenadora, eu tinha um compromisso e uma tarefa com toda a comunidade escolar. RESPIREI muitas vezes e me indaguei:

De que lugar estou falando (papel)? De coordenadora.

O que me cabe fazer (tarefa)? Garantir a produtividade e o bem-estar de funcionários, pais e alunos.

Foi a partir dessa reflexão que decidi dar a ela um afastamento da função, pois as suas condições comprometiam o trabalho e os alunos. Foi uma decisão exigente! Agi de acordo com meu papel e aprendi muito. Toda vez que sou "fisgada" por alguma situação, eu paro, respiro e me pergunto: "De que lugar estou falando? O que me cabe fazer?".

Essas são duas perguntas fundamentais para nos ajudar a não sair do nosso papel social. Use-as com frequência em sua jornada!

Os papéis institucionais ou oficiais correspondem ao sistema de papéis e funções da instituição e representam a hierarquia presente. Organizam e trazem segurança para seus integrantes. A família é a primeira instituição de que a criança faz parte e a escola é a segunda instituição que tem a função de ampliar os conhecimentos oferecidos pela família. Assumimos variados papéis na vida e, algumas vezes, nos perdemos com relação a nossa tarefa. O cotidiano nos "fisga" e nos convida a sair do papel constantemente, e é por essa razão que precisamos ficar atentos aos papéis que ocupamos e à tarefa que nos cabe executar.

Ter clareza quanto à função e à tarefa que cada papel determina é o primeiro passo para "cuidar" desse lugar e evitar cair nas armadilhas do cotidiano. O exercício da respiração e da indagação nos ajuda a nos colocar no lugar instituído (pai, mãe, médico, professor, coordenador, diretor, gerente etc.) e a tomar as decisões necessárias com maior segurança, propriedade e assertividade.

Ao longo da vida, temos uma tendência a desempenhar um papel mais fortalecido, ou porque investimos mais ou porque temos mais segurança e desenvoltura para ocupá-lo.

Conhecer qual é nosso papel mais fortalecido nos ajuda no desafio de entrar e sair dos diferentes papéis sociais que ocupamos. Um médico ou psicólogo pode ter este papel instituído como mais fortalecido e tende a se relacionar com todas as pessoas como um cuidador. A tomada de consciência dessa dinâmica contribui para que fique atento às demais relações, principalmente àquelas que não estão ocupando o papel de médico ou psicólogo. É muito comum que as mães desempenhem esse papel mais fortalecido e se relacionem com as demais pessoas desse lugar, ou seja, exercendo sua maternagem em outros papéis. Quando saímos do nosso papel, deixamos de realizar a nossa tarefa e ocorre uma disfunção. Comprometemos a tarefa e o relacionamento.

Vou convidá-lo(a) para uma reflexão sobre seu papel de educador:

1. Papel ocupado: mãe ou pai.
2. Qual é a sua tarefa?

Formar seus filhos nos aspectos emocionais, relacionais, físicos, sociais e de valores morais.

Mães e pais são autoridades e desempenham um papel fundamental na vida da criança. São eles os primeiros modelos de autoridade. O significado de autoridade é aquele que ajuda a crescer! Nós somos os primeiros modelos de autoridade e, no meu modo de entender, precisamos ocupar o nosso papel com competência e segurança.

Fui compreendendo ao longo da minha jornada como mãe e educadora que se faz necessário investir no nosso papel de autoridade e para isso precisamos fortalecer o autoconhecimento, aprender a gerir as nossas emoções e a ter clareza quanto ao papel que desempenhamos. Como pais, temos um papel assimétrico com nossos filhos, o que significa que nossa tarefa é diferente. Muitos dos conflitos existentes se dão porque os pais se colocam num papel simétrico (tarefa comum) com a criança e desse modo a tarefa se perde. A assimetria dos papéis é que garante a eficiência da nossa ação.

Vamos ver?

Constato muitos pais brigando com as crianças de igual para igual e isso se dá porque se perderam no seu papel de autoridade de pais. Quando nos perdemos, as relações ficam comprometidas, o vínculo se enfraquece e o cenário é de angústia e estresse.

Observe a cena:

O que você pensa e sente?

Algumas vezes a criança entra em uma discussão com o adulto – mãe, pai, avós –, que tomado pela exigência da situação tende a reagir "brigando" com a criança de igual para igual. Essa situação revela que os adultos em questão perderam-se no seu papel, colocando-se numa relação simétrica, de igualdade, o que promove um conflito ou um estresse, bem como compromete a autoridade e a tarefa em questão. Nós mães necessitamos assumir nosso papel de autoridade com segurança, limites bem colocados com amorosidade e clareza. Numa situação de contestação, enfrentamento ou birra é de fundamental importância que o adulto mantenha-se em seu papel de autoridade, colocando o limite sem estender a discussão.

Exemplo:

Imagine seu filho entrando em uma discussão por que deseja brincar num momento inapropriado e você entra nessa discussão com ele. Quando a discussão avança há uma disputa de poder e o adulto se colocou na relação simétrica e se perdeu. Numa situação como essa é fundamental fortalecer seu papel de autoridade e de assimetria e colocar o limite com clareza e amorosidade.

"Agora é hora de almoçar ou de realizar a atividade e não de brincar, e não vou discutir com você!"

Muitas vezes nos perdemos porque estamos mobilizados pelas emoções e sentimentos e vamos reagindo às circunstâncias. Lembre-se das duas perguntas e sempre que se sentir fisgado(a) para reagir, faça uso delas:

- **De que lugar estou falando (papel)?** Mãe, pai.
- **O que me cabe fazer (tarefa)?** Colocar o limite com amor.

Imagine que você teve um dia exaustivo e cheio de estresse no trabalho.

Seu(sua) filho(a) te aguarda ansioso(a) em casa e não sabe do seu estado de espírito. Certamente ele(a) vai querer atenção e até realizar algumas atividades com você. Antecipe-se! Negocie o que é possível fazer que seja confortável para ambos. Deixe claro o que você está sentindo e como foi seu dia! A criança compreende que a sua atitude não tem nada a ver com ela, mas com os seus sentimentos.

Lembre-se: quando não aceitamos o que estamos sentindo, reagimos às situações.

Use e abuse dessa ferramenta e verá que cairá menos nas armadilhas do cotidiano para sair do seu papel. Cuidar do papel que ocupamos como autoridade fortalece a relação vincular, gera segurança e confiança na criança, bem como garante o bem-estar para você, seu filho.

V
Os afetos como parte integrante da tarefa de educar!

Passo 5 – trazer os afetos para o dia a dia

Os afetos e desafetos fazem parte da vida e paradoxalmente temos muitas dificuldades para reconhecer, nomear, expressar e tratar das nossas emoções e sentimentos. Vislumbro essa dificuldade diariamente entre adultos e crianças. No meu modo de entender é essa dificuldade e/ou fragilidade com os afetos que produz crianças e adultos com baixa autoestima, inseguros, dependentes e com pouca capacidade para lidar com as frustrações e adversidades da vida. Compreender e trazer os afetos para o dia a dia é uma ferramenta poderosa para modificar esse cenário.

Geralmente, nós temos muita dificuldade para nomear e reconhecer as nossas emoções, já que não fomos ensinados a fazer isso. Nosso dia a dia é carregado de obrigações, exigências, compromissos e muitas informações. Não há tempo para parar e identificar o que estamos sentindo, e isso vai nos afastando de quem somos e do que queremos.

Na escola nos ensinam muitas coisas, mas não somos instruídos a olhar para dentro de nós mesmos e indagar: "O que estou sentindo?", "O que está acontecendo comigo?".

Somos seres sociais e nos constituímos a partir das relações que construímos, das vivências que experimentamos, das informações que absorvemos, do aprendizado que a vida nos proporciona, e tudo isso mobiliza em nós sentimentos que ficam esquecidos e camuflados, pois não sabemos como reconhecê-los nem o que fazer com eles.

Atualmente, fala-se muito de inteligência emocional, que é o desenvolvimento de habilidades que permitam reconhecer as emoções e aprender a enfrentar o cotidiano a partir das possibilidades que elas nos oferecem. Parece-me que não há possibilidade de realizar esse processo sem um mergulho interno, que exige decisão, coragem e muita amorosidade.

Trabalho há muito tempo com crianças, ensinando-as a aprender com as emoções, e também com os adultos; e o cenário é o mesmo – grande parte ou a maioria sem saber fazer contato e lidar com seus afetos.

Reiteradamente constato como é difícil e exigente reconhecer o que estão sentindo. Nos cursos que ministro regularmente, eu indago: "O que está acontecendo com vocês agora?", "O que está sentindo?".

E a primeira resposta que vem é: "Nossa! Que difícil! Não sei". É necessário parar e aprender a reconhecer as emoções. Devemos nomeá-las e, posteriormente, nos sentir autorizados a expressá-las. Sempre é tempo de aprender e posso garantir que vale a pena! Primeiro quero contar que, durante muitos anos em que não sabia reconhecer e expressar as minhas emoções, eu me colocava em situações difíceis, pois não conseguia esconder meus sentimentos por muito tempo. Em algumas situações, eu "vazava", ou seja, minhas emoções transbordavam de um jeito ruim e isso gerava dores, frustrações e, muitas vezes, conflitos. Além disso, a falta de ferramentas para me conectar com meus sentimentos me colocava em armadilhas regulares e, não raro, eu terminava por autossabotar-me.

Todo este livro parte de uma vivência minha, da minha trajetória nesse desafio de me conectar com meus sentimentos. Foi uma longa estrada, com muitos erros, equívocos e dissabores, mas enfim aprendi, e é isso que estou compartilhando com vocês. É importante que você inicie essa jornada com a certeza de que nós não aprendemos porque não fomos ensinados e de que todos temos capacidade de aprender, se assim desejarmos.

Aprender é apropriar-se ativamente da realidade com possibilidades de criação e mudança! Só aprendemos quando efetivamente somos capazes de mudar atitudes e comportamentos, e isso é um processo. Pichon-Rivière representou o processo de aprendizagem por meio do cone invertido, que registra movimentos de avanços e recuos, de idas e vindas, de possibilidades e dificuldades, de luz e escuridão. Gosto de pensar que, quando estamos na luz, comemoramos as conquistas; quando vamos para a escuridão, é porque precisamos de fôlego e tempo para o próximo passo. O processo de aprender não é linear, é espiralado.

Aceite esse processo para que possa aprender com mais naturalidade e compreensão as etapas vividas. O mais importante é a decisão, o desejo de aprender e fazer diferente!

É um processo de transformação, ou seja, de transformar a ação, de se fazer algo novo, inédito e diferente.

A vida cotidiana é repleta de afazeres e compromissos, e, na maioria das vezes, não temos tempo de refletir e indagar: "O que estou pensando?", "O que estou sentindo?". Desse modo, temos uma tendência natural a reagir negativamente às situações e circunstâncias da vida, o que geralmente fomenta culpas e dúvidas posteriores. Fazemos escolhas em todos os minutos da nossa vida, mesmo que de maneira mecânica ou inconsciente.

Trazer a consciência ao nosso fazer é uma possibilidade que temos para assumir a responsabilidade por nossas vidas e cenário. Durante esses anos de mergulho e estudo, aprendi a praticar a RESPIRAÇÃO. Toda vez que sou afetada pelo cotidiano, eu paro, respiro e me pergunto: "O que penso sobre isso?", "O que sinto?", "O que eu faço agora?".

Essas três perguntas têm norteado a minha ação na vida e me dado oportunidade de assumir as minhas escolhas. Integrar o pensar e o sentir possibilita um agir mais responsável e verdadeiro. Ao lançar mão do exercício da respiração, temos a possibilidade de parar e nos distanciarmos dos fatos, bem como de entrar em contato com pensamentos e sentimentos, e posteriormente nos decidir por alguma ação. Não há certo ou errado, e creio que, quando entramos em contato com o que pensamos e sentimos, podemos dar voz àquilo que acreditamos ser mais verdadeiro e autêntico em nossa personalidade.

A tarefa não é fácil, é exigente! Trata-se certamente de um exercício que demanda decisão e treino, mas que, com a prática, vai se tornando natural e logo se assume como um hábito para nós. Proponha-se a fazer esse exercício e registre suas descobertas e aprendizagens. Na minha jornada como educadora, fui muito criticada por conta da ênfase que dava ao aprendizado dos afetos e desafetos na vida.

Enfrentei as críticas e não abri mão das minhas crenças e verdades, porque sabia da importância desse movimento. Afinal, vivi a dor da fragmentação e de não saber transitar nas minhas emoções na minha própria infância e juventude.

Foi uma trajetória carregada de obstáculos, dores e dissabores, mas com muitas alegrias, prazer e conquistas. Valeu muito a pena! E foi essa jornada que me deu autoridade, propriedade e coragem para escrever este livro e compartilhar meus movimentos e descobertas.

Eu não sei como está o seu processo de entrar em contato com seus sentimentos. Caso você encontre alguma dificuldade, procure observar os sinais do seu corpo. Nosso corpo nos fornece muitas pistas: o coração acelera, as mãos gelam, o peito dói, a boca seca...

Depois de observar os sinais do seu corpo, procure nomear o que está sentindo e, em seguida, problematize, indague e verifique as descobertas! Cuide para não fazer julgamentos e olhe para os sentimentos como seus aliados. Não podemos classificá-los em bons ou maus, porque todos eles nos dão grandes possibilidades. Você vai ver! Comprometa-se a fazer esse exercício com regularidade e, se possível, registre as suas descobertas.

Você só poderá convidar seu filho a essa jornada se for capaz de fazer essa caminhada pelos afetos. Muito bem! Oriento que dê início a essa jornada imediatamente, fazendo contato com seus sentimentos com regularidade.

Agora que você já deu início a essa caminhada vou orientá-lo(a) como fazer isso com seu filho. Trazer os sentimentos para o cotidiano nos confere a possibilidade de olhar para dentro, de nós compreender e de aprender a transitar e lidar com nossas emoções e a criança precisa aprender a fazer isso.

Lembre-se de que todas as situações do dia a dia nos mobilizam sentimentos e com a criança não é diferente. Muitos dos comportamentos de birra, de enfrentamento e de agressividade se dão porque a criança está sentindo algo e não sabe como expressar. Comece ajudando-a a nomear o que está sentindo regularmente nas mais diversas situações, procure ter uma atitude empática e ofereça a ela possibilidades de enfrentamento.

Veja alguns exemplos:

Quando a criança sentir tristeza

Em diversas situações a criança poderá sentir-se triste. Observe os fatos e diga a ela:

"Estou percebendo que você está triste porque _____, é triste mesmo quando isso acontece e você pode chorar para expressar a sua tristeza. Podemos pensar numa forma de eu te ajudar, você quer?".

Atenção: ajudar a lidar com esse sentimento não é fazer o que ela deseja, mas dar recursos de enfrentamento.

Vamos imaginar que ela está triste porque um coleguinha na escola não quis brincar com ela. Você poderá dizer-lhe:

Nem sempre as crianças querem brincar da mesma brincadeira que você, como você também nem sempre quer brincar. Nesse caso você pensou em chamar um outro colega para brincar?

É fundamental legitimar e validar os sentimentos da criança sem julgamento e posteriormente oferecer a ela recursos para lidar com a situação.

Cuidado para não cair na armadilha das suas próprias emoções! Reconheça que você também fica triste e com raiva quando algo acontece com seu filho, mas não reaja sustentado por essas emoções. Respeite, acalme-se e acolha você primeiro para poder acolher seu filho!

Quando a criança sente-se frustrada

A frustração ocorre em situações em que a criança não é atendida em seus desejos e isso é natural; e ela precisa aprender que nem sempre poderá ser atendida e que isso faz parte da vida. Nesses casos faça o mesmo com a situação de tristeza. Identifique o sentimento e dê-lhe recursos de enfrentamento.

Exemplo: vamos imaginar que a criança quer ir à casa da vovó.

Diga-lhe:

"Eu sei que você gosta muito de ir à casa da vovó e ela também gosta de recebê-lo(a), mas hoje ela tem os compromissos dela e não poderá receber você! Eu entendo que você ficou chateado(a), frustrado(a) mas no final de semana nós vamos fazer-lhe uma visita e você passará a tarde com ela, combinado?".

Eu gosto muito do recurso de contar para as crianças sobre as situações que nós sentimos da mesma forma, essa atitude gera aproximação, desenvolve a empatia e a criança compreende que viver esses sentimentos e situações faz parte de todos nós, inclusive os adultos.

Aqui tem dois casos de situações de desafeto, mas é de igual importância conscientizar a criança de todos os sentimentos que ela vai experimentando, pois isso vai dando concretude para ela e desenvolvendo habilidade para lidar com os afetos e os desafetos.

Exemplos:

"Estou vendo que você está muito feliz hoje na brincadeira com seus primos!"

"Parece que seu dia na escola foi bem bacana! Você está feliz! Quer me contar?"

"Estou percebendo que você está um pouco aborrecido(a). Aconteceu alguma coisa?"

Criar um espaço regular e efetivo na dinâmica familiar e na escola para falar dos afetos é bastante potencializador e curador! Você pode criar uma rotina em casa de que na hora do jantar todos vão contar uma experiência do dia e o que sentiu. E na escola, ao final do período pode-se fazer uma roda de conversa para que cada um conte uma situação vivida e os sentimentos.

Tudo é hábito e treino! É só começar... e você irá perceber os ganhos dessa empreitada tanto na rotina familiar quanto na rotina escolar.

Use e abuse desse recurso e me conte os resultados!

VI
A importância da rotina na família e na escola

Passo 6 – a rotina para assegurar a autonomia e o equilíbrio da criança

Muitas vezes a falta de rotina na vida da criança é geradora de estresse, insegurança e conflitos na família. Você já parou para pensar na importância da rotina na sua vida? Para mim a rotina organiza, gera segurança e possibilidades de fazer escolhas e até mudanças! A rotina é um recurso fundamental para que a criança sinta-se pertencente a um cenário, para que se sinta assegurada e fortaleça os vínculos. A criação de uma rotina na vida da criança traz organização para sua vida diária e ajuda a evitar correria, estresse e conflitos posteriores.

A rotina ajuda a criança a saber o que irá viver naquele dia, bem como a organizar-se em suas tarefas, conhecer suas responsabilidades e brincadeiras e também promove a autonomia e a independência. A rotina preestabelecida possibilita que a criança se prepare para o que ela vai viver. Por exemplo, se sabe que depois da casa da vovó vai para a escola, ela já vai se organizando emocional e fisicamente para essa mudança. A rotina também contribui para que a criança incorpore o conceito de tempo e espaço.

É fundamental que a rotina seja estabelecida garantindo as necessidades de desenvolvimento da criança, como o sono, a alimentação, a brincadeira, as responsabilidades que ela já pode assumir e a convivência com familiares e outras crianças.

Na primeira infância, eu gosto muito da ideia de construir um cartaz ilustrativo com a criança sobre a sua rotina, e com crianças mais velhas é possível fazer um cartaz escrito. A rotina é estabelecida pelos adultos tanto na escola quanto na família, porém a criança pode e deve participar do registro. Quando ela participa, estamos a incluindo em seu processo e também ajudando a compreender a sua rotina diária, o que é indicador de respeito e afeto para com a criança.

As crianças mais velhas podem ajudar na construção do cartaz e elaboração das tarefas. Veja algumas sugestões de atividades a seguir:

- Acordar.
- Escovar os dentes.
- Tomar café.
- Ir para a escola.
- Fazer as atividades na escola.
- Almoçar na escola.
- Natação.
- Judô ou ballet.
- Sair da escola com a mamãe.
- Tomar banho.
- Jantar todos juntos.
- Brincar.
- Leitura compartilhada com os pais.
- Dormir.

Na escola, o professor também deve colocar a rotina diária para as crianças. Quando pequenas, use as gravuras; e com as crianças maiores use a escrita. É fundamental que se leia a rotina diariamente e se avalie como ela está acontecendo para fazer ajustes ou combinados.

Exemplo: você precisa demorar menos no café da manhã porque estamos chegando atrasados na escola.

Por uma educação mais saudável e afetiva

Essa é uma constatação e você pode perguntar a ela como poderá ajudá-la para se alimentar dentro do tempo previsto.

A regularidade da rotina vai ajudando a criança a incorporar seu dia a dia e aos poucos ela mesma vai sinalizando seus afazeres e não precisará mais de ajuda para ser lembrada ou estimulada. Vai adquirindo confiança, segurança e autonomia. No caso da dinâmica familiar é interessante mostrar para a criança a diferença da rotina semanal e a rotina aos finais de semana. É possível construir com ela o que farão juntos no final de semana e o que já está estabelecido.

Uma dica: recorrentemente recebo pais que me dizem sobre o estresse que é quando a rotina muda. É de fundamental importância avisar a criança com antecedência sempre que a rotina vai mudar. Quando ela é avisada sobre a mudança pode se preparar emocionalmente para o que irá acontecer. A verdade e a transparência devem ser ingredientes constantes nessa relação.

Mais um exemplo: "Hoje eu e o papai vamos sair e você vai ficar na casa da vovó". A criança pode chorar demonstrando que quer ir junto ou que não quer ficar com os avós. Nesse momento, o limite com amorosidade deve ser colocado, explicando para a criança a situação e validando o que ela sente. "Entendo que você gostaria de sair conosco, mas esse é um compromisso de adultos e hoje você ficará. Amanhã, o compromisso será com as crianças".

Muitos dos conflitos e estresse vividos na família podem ser evitados quando a rotina está bem estabelecida e a criança faz parte dela, tomando conhecimento do que vai vivenciar no dia.

A rotina na sua família está bem estabelecida?

Você tem dado sentido a ela, convidando seu filho a participar?

Faz análises regulares sobre a rotina e se for preciso faz combinados ou mudanças?

Avalie que postura ou comportamento você pode adquirir para dar sentido a esse recurso.

VII
As regras e combinados para manter a saúde emocional da criança

Passo 7 – regras, combinados e consequências claras e bem definidas

Muito se tem falado sobre a inteligência emocional e sobre o ensino da moralidade infantil na escola e na família. Constato regularmente por meio do acompanhamento de crianças, pais e professores que ainda há muitas dificuldades com relação ao desenvolvimento da inteligência emocional nas crianças e ao ensino da moralidade. Muitas crianças e jovens não sabem lidar com a espera, com a frustração, com os nãos, com os afetos e cabe a nós mães, pais e professores esse ensinamento.

O ensino da moralidade infantil diz respeito ao agir humano. O desenvolvimento moral é o desenvolvimento de sentimentos, crenças, valores e princípios. Segundo Piaget, toda moral consiste num sistema de regras; e a essência de toda moralidade deve ser guiada pelo respeito. A moralidade pressupõe intenção, deve ser orientada por valores e princípios.

O mais importante não é que a criança obedeça às regras, mas por que as cumpre.

É preciso considerar que se os valores não estiverem alicerçados numa convicção pessoal as crianças não estarão prontas para seguirem as regras sem uma autoridade por perto.

A construção da moral se dá, na primeira infância, na família e na escola.

É importante ressaltar que ensinamos às crianças a se comportar, a se relacionar e a se vincular a partir dos nossos comportamentos e atitudes. O ensino da moralidade se dá no cotidiano e é preciso tomar consciência do que estamos ensinando as crianças a partir das nossas atitudes. Eles nos observam o tempo todo e o nosso agir está transmitindo a eles aprendizagens significativas. Precisamos tomar consciência das nossas atitudes e refletir sobre os valores que estão por trás delas.

As regras e combinados claros e bem estabelecidos são importantes ferramentas nessa tarefa! As regras são o contorno para os ambientes coletivos e visam o bem-estar das pessoas, bem como à organização do ambiente.

Quando sabemos a função social da regra e seus benefícios para as crianças fica mais fácil construí-las e sustentá-las. Elas devem ser construídas pelos adultos (mães, pais, professores) e a partir de uma necessidade, e as crianças devem conhecê-las e saber qual é a sua função em casa ou na escola. As regras evidenciam os valores que sustentam a família ou a escola e é importante que sejam construídas com o objetivo de cuidar do ambiente coletivo, de assegurar a integridade de todos e de organizar o ambiente.

Uma dica: Use sempre a afirmativa na construção das regras e só as estabeleça se for capaz de sustentá-las!

Exemplos de regra de casa:

- Tomar banho antes do jantar para que depois possamos descansar.
- Durante o jantar, todos comemos juntos sem ligar a televisão e sentados à mesa para poder compartilhar as experiências do dia.
- Depois de brincar, guarde os brinquedos, pois, no dia seguinte, ficará mais fácil para brincar.

- Para ganhar a guloseima do final de semana é preciso comer frutas e verduras durante a semana, para que você tenha uma alimentação balanceada e saudável.

Exemplos de regra na escola:

- Conversar com o amigo quando você ficar zangado ou triste, para que ele entenda o motivo.
- Guardar os brinquedos antes de ir para o parque, a fim de que possamos realizar as atividades do dia.
- Lavar as mãos antes das refeições, para que estejam limpas.
- Para dar início à próxima atividade, deve terminar a anterior; assim, não fica com muitas atividades.

As regras estão colocadas para os adultos e não há negociação. Já os combinados são realizados com as crianças e são negociáveis. Leia com regularidade as regras e ajude a criança a compreender sua função social e como está vivenciando. Reflita com ela se há dificuldades e ajude-a a superá-las. Converse com ela sobre as regras nos diferentes ambientes coletivos e sua importância; reflitam juntos como seriam os ambientes se não tivessem regras. (No meu canal do YouTube tem um vídeo sobre regras e combinados).

Ficou mais claro para você?! Se você já tem regras estabelecidas em casa, ótimo; se não tem, é um bom momento para criá-las!

Lembre-se: é fundamental que o casal sustente a regra juntos e ela deve ser construída por ambos. Essa é uma boa estratégia para estarem juntos nessa tarefa de educar seus filhos! Vocês ficarão mais fortalecidos e unidos nessa tarefa de educar e de manter a saúde do filho e do ambiente. É bacana registrar as regras e combinados de casa! A criança pode participar dessa confecção. Quando ela participa fica mais fácil dar sentido.

As regras e os combinados devem ser revisitados com regularidade para que a criança incorpore esse conhecimento e mude comportamentos. Vale também compartilhar com ela que vocês também estão submetidos às regras nos diferentes espaços. Conte a ela algumas regras vividas por vocês e nos espaços comuns em que transitam. No prédio, no clube, na escola, na cidade, no trabalho etc. Mostre a ela que as regras exigem algumas atitudes e comportamentos que, quando não são realizados, geram consequências e que isso faz parte da vida.

O pesquisador e teórico Yves de la Talle destaca três tipos de educação:

- **Educação autoritária:** o adulto impõe as regras e as legitima em nome de uma autoridade sábia, que não deve ser contestada.

"Faça isso porque eu mandei."

- **Educação por ameaça de retirada de amor:** quando os adultos valem-se de estratégias que mostram à criança o quanto é egoísta e pouco amorosa, entristecendo os adultos quando desobedece.

"Vou ficar bem chateada se você não fizer o que eu quero."

- **Educação elucidativa:** quando um limite é estabelecido e é apresentada uma explicação quanto à sua razão de ser, quanto à necessidade do limite.

"Não se pode bater no colega porque o machuca."

A educação indicada para as famílias e a escola é a educação elucidativa, aquela que explica o limite e o porquê – "Bater no seu irmão o machuca". As crianças são muito espertas e facilmente, com a regularidade, a constância e a coerência, aprendem o que estamos ensinando.

É um processo exigente, sem dúvida, mas os ganhos futuros são maiores do que o investimento, pois certamente vislumbraremos indivíduos mais equilibrados, justos e autônomos.

Tão importante quanto as regras e combinados é mostrar às crianças que todas as atitudes e comportamentos têm consequências, e uma maneira de ensinar esse conceito a elas é por meio das consequências lógicas.

A consequência lógica é justa e está diretamente relacionada ao comportamento da criança; ela tem como característica a relação lógica com o ato a ser sancionado. A consequência lógica é educativa, não humilhante e jamais ataca a dignidade de uma criança; tem como objetivo auxiliá-la a compreender o significado de suas atitudes. As consequências devem ser antecipatórias, ou seja, a criança deverá saber qual será a consequência; desse modo, você poderá mostrar a ela que pode fazer escolhas. Converse com ela também quanto a como essa situação se apresenta na vida. Quais são as consequências que temos se burlamos a regra? Se já sabemos a consequência, também podemos escolher e sustentar as nossas escolhas.

O trabalho com a formação das regras, combinados e limites requer consistência, coerência e constância. Desse modo, ela vai aprendendo que todas as suas atitudes e escolhas têm consequências e isso é prepará-las para a vida.

Exemplos de consequência lógica:

- Para poder brincar com seus brinquedos precisa deixar seu quarto arrumado.
- Para comer o doce precisa comer toda a sua comida.
- Pode descer para brincar no parque depois que tiver realizado as tarefas da escola.

- Para que possamos sair e passear, você precisa arrumar seu quarto.

Enfim, tanto as regras quanto os combinados e consequências devem estar alinhados com seus valores e com a sua sustentação!

Comece devagar... um passo de cada vez!

Educar significa desenvolver-se de dentro! E esse processo é um presente porque à medida que vamos refletindo e cuidando das nossas ações como pais e educadores vamos tomando maior consciência quanto a nossas responsabilidades, aos valores que nos guiam e podemos nos reorientar.

~ VIII ~
A construção de uma educação e autoridade democráticas

Passo 8 – exercendo a autoridade amorosa

Muitas das dificuldades enfrentadas na família e na escola são devidas à fragilidade para assumir a autoridade de pais e educadores. O significado de autoridade é aquele que ajuda a crescer! E para isso é necessário fazer um investimento em si. Autoridade é a capacidade de se autogerir, de administrar as próprias emoções, desenvolvendo atitudes que tragam segurança para você e a criança. É preciso desenvolver a competência afetiva que envolve: comunicação clara, cooperação, pertinência ao papel, empatia, flexibilidade, sustentação de suas atitudes e amorosidade.

Existem três tipos de autoridade:

- **Autoridade autoritária** – está baseada no poder dos pais e/ou educadores e é exercida de maneira autoritária exigindo obediência. Esse tipo de autoridade, gera crianças dependentes, submissas, temerosas e reprimidas.
- **Autoridade permissiva** – está baseada na dificuldade para sustentar os nãos; há uma permissividade presente com o intuito de evitar conflitos e/ou desconfortos, mas esse tipo de autoridade gera comportamentos impulsivos nas crianças, dificuldades para assumir as responsabilidades, bem como indivíduos prepotentes e egoístas.
- **Autoridade democrática** – está baseada em valores sólidos e atitudes coerentes que ajudam a criança a compreender como se comportar na sociedade. A criança obedece por que ela dá sentido para as regras e combinados estabelecidos. Essa educação desenvolve indivíduos autônomos, com maior autocontrole, autoestima elevada e protagonistas.

É natural que transitemos nos três tipos de autoridade, porém deve prevalecer na relação com a criança a autoridade democrática. Para construí-la se faz necessário um investimento!

É preciso fortalecer o autoconhecimento, reconhecer as suas potencialidades e fragilidades como autoridade, desenvolver atitudes de empatia, clareza quanto a seu papel de autoridade, gerir suas emoções, manter atitudes coerentes e sustentar os limites colocados. Ninguém nasce sabendo ser pai ou mãe e tampouco autoridade democrática; precisamos investir, analisar, refletir e nos disponibilizar a aprender para reorientar as nossas condutas.

Desenvolver a autoridade democrática amorosa exige um alto grau de conhecimento de si mesmo, de capacidade para realizar mudanças, romper com paradigmas e verdades, e a capacidade de analisar, refletir e avaliar as situações do cotidiano. A capacidade de ser autoridade amorosa se dá pela clareza e pela sustentação dos limites colocados.

Quando sabemos o que sustenta as nossas ações e comportamentos fica mais fácil colocá-los e sustentá-los para as crianças. Normalmente muito do estresse vivido em casa é devido à falta de clareza quanto ao limite tanto para os pais quanto para a criança. Isso gera uma desorganização interna, um desconforto e muitos conflitos.

Pare e analise as situações de conflito que você vive com seu filho. Escreva. Observe se não estão relacionadas à falta de limites claros.

Observe exemplos para comunicar claramente seus combinados.

Já está estabelecido o horário do banho da criança e ela te pede muitos uns minutinhos; você cede e ela vai pedindo mais e mais; e quando você percebe está reagindo exausta para que vá para o chuveiro. Você pode dar mais uns minutinhos, se achar possível, mas seja claro(a) quando for dar essa permissão.

"Olhe, vou deixar o tempo de eu colocar o arroz no fogo, combinado?" ou "Vou lhe dar o tempo para acabar de montar esse quebra-cabeça" ou "Vou lhe dar até as 19h30."

(Se a criança não sabe ver horas, mostre a ela onde os ponteiros do relógio estarão nesse horário.)

Costumo dizer para os pais que é de fundamental importância saber o que é negociável para você e o que não é. Essa clareza lhe dará maior serenidade para negociar o que for possível e não negociar o que não lhe parece negociável. As ações que não negociamos estão sustentadas geralmente por valores e princípios.

Veja alguns exemplos:

- Todos estaremos sentados à mesa na hora do jantar (o valor aqui é a convivência).
- Só pode dormir na casa de um amiguinho se eu me sentir segura e conhecer os pais dele (o valor é cuidado e segurança).
- Não pode dormir sem banho (o valor é a saúde física e a higiene).

É muito variável o que negociamos ou não e está diretamente relacionado a nossa experiência, valores e crenças.

Vou dar dois exemplos vividos com meus filhos:

1. Eu perdi um sobrinho num acidente de carro e fiquei traumatizada com a situação; e durante algum tempo eu não deixava meus filhos andarem de carro com ninguém que não fosse eu ou o pai. Isso tinha a ver com minha experiência e eu respeitei meu momento.

2. Quando meus filhos eram adolescentes era "moda" dar aos jovens cama de casal para que pudessem iniciar a vida sexual em casa. Minha irmã foi adepta a essa atitude. Eu nunca fui da moda e esse comportamento me gerava muito desconforto e eu sustentei que não!

As nossas condutas estão diretamente ligadas a nossos valores e verdades, e eu penso que precisamos respeitá-las. Não adianta fazer algo que o senso comum faz se essa atitude ou comportamento nos violenta ou gera desconforto. Com os filhos adolescentes era comum eu ouvir a queixa deles: "A mãe dos meus amigos deixa eles irem" e eu respondia: "Qual é o nome da mãe do seu amigo? Pois é, eu me chamo Maria Amália e não faço o que as outras mães fazem se não estiver confortável para mim".

Exercer a autoridade democrática amorosa significa explicar os limites dados com clareza, coerência e verdade. Muitas vezes, eu disse para meus filhos:

"Sinto muito, mas eu não vou ficar tranquila em deixar vocês irem a essa festa!"

Algumas vezes o limite está relacionado a sensações e sentimentos e tudo bem, mas precisam ser aclarados para as crianças e jovens. Desse modo, vamos fortalecendo o vínculo, aclarando as possibilidades e também nos mostramos humanos para eles.

Tenho falado muito sobre nos humanizar, que é a capacidade de nos autorizar a mostrar as nossas fragilidades e vulnerabilidades. E quando erramos podemos sim rever a nossa conduta com a criança, pois isso também passa um ensinamento para ela.

Aceitar a nossa humanidade, a nossa potência e imperfeição nos potencializa para educar com verdade, amor e transparência. Desse modo, estamos contribuindo para que nossos filhos e/ou alunos possam também reconhecer sua própria humanidade – potências e fragilidades naturais à condição humana!

IX
Como problematizar as situações do cotidiano?

Passo 9 – a problematização como recurso de cuidado da relação

Quantas vezes você já se percebeu discutindo com seu filho ou aluna, argumentando sobre alguma situação até chegar à exaustão? As crianças vão contestar sempre e isso faz parte, e é muito saudável! Nós adultos é que precisamos saber até onde permitimos os argumentos e quando colocamos o limite. A problematização é um recurso bastante funcional na educação das crianças. Problematizar é perguntar, indagar com regularidade as situações do cotidiano.

Em primeiro lugar, necessitamos aprender a fazer isso conosco mesmo para, posteriormente, realizar com as nossas crianças, pois problematizar os fatos do cotidiano nos ajuda a compreender melhor quem somos, por que agimos dessa ou daquela forma, como também viabiliza encontrar novas formas de pensar e atuar.

Vejamos alguns exemplos:

Imagine que seus filhos têm reclamado regularmente de uma atitude de um colega que briga com ele e bate.

É claro que essa situação nos faz sentir tristes e às vezes até com raiva da criança em questão. Antes de qualquer coisa é fundamental conhecer bem os fatos. Depois problematizar fazendo perguntas a você mesmo:

"O que eu penso dessa criança? O que eu sinto?"

"E se fosse meu filho que tivesse essa atitude com um colega? O que eu iria pensar e sentir?"

"Como posso agir de maneira imparcial?"

Converse bastante com você mesmo(a) e posteriormente faça o mesmo exercício com seu filho, busque evidências, fatos e dados sobre as circunstâncias e você saberá a melhor atitude a tomar.

Agora imagine uma situação em que seu filho bateu ou mordeu um colega e a professora sinalizou a situação.

Faça as mesmas perguntas para você e depois ajude-o a entender a situação problematizando:

"O que você estava sentindo quando mordeu seu colega?"

"Por que você mordeu? Como você acha que ele se sentiu?"

"Você já foi mordido, lembra-se? O que você sentiu quando isso aconteceu?"

Ajude a criança a entender a situação reconstruindo a cena:

"Estou entendendo que você ficou muito bravo por seu colega ter pegado seu brinquedo sem autorização. Eu também ficaria, mas você pode dizer pra ele que não gostou e pegar o brinquedo sem precisar morder."

"Quando você foi mordido, doeu? Você chorou? Quando eu fico brava com você eu mordo?"

"Que outro jeito você pode dizer para ele que não gostou sem ser mordendo?"

Nas mais diversas situações do cotidiano com a criança são fundamentais algumas atitudes:

- Chamar a criança para conversar e reconstruir a cena/situação.
- Nomear o que ela está sentindo.
- Problematizar a situação; fazer perguntas.

- Dar recursos de enfrentamento, encorajando e evidenciando as suas capacidades.

Tanto na família quanto na escola a problematização deve ser um recurso utilizado com regularidade. Ele desenvolve a capacidade da criança de observar os fatos, de compreender seus sentimentos, de se colocar no lugar do outro, de buscar soluções para a situação. A regularidade desse recurso oportuniza que a criança desenvolva várias habilidades que lhe serão muito úteis na infância e na vida adulta.

São elas:

- Capacidade para enfrentar as situações adversas.
- Fortalecer a autoestima e o autoconhecimento.
- Aprender a administrar as suas emoções.
- Reconhecer suas capacidades e potencialidades.
- Aprender a fazer perguntas.
- Desenvolver a autoconfiança e a autonomia.

A possibilidade de investir nesse recurso tornará a dinâmica familiar e escolar mais verdadeira, operativa, harmônica e real. Fazer perguntas abre espaço para novas sinapses cerebrais, desenvolve a plasticidade cerebral, amplia a visão da situação, promove reflexões e tomada de consciência, além de abrir espaço para novas atitudes e comportamentos.

Invista nesse recurso e observe os resultados!

X
A importância da circulação dos afetos na vida e na escola

Passo 10 – transformando os sentimentos em aliados do dia a dia

Você acredita que fazer contato com seus sentimentos pode ser de grande valia na tarefa de educar? Compreende que nomear, reconhecer e lidar com os afetos gera maior competência e habilidade para enfrentar as mais diversas situações da vida?

Quando você compreende isso, é capaz de oportunizar esse caminho para seu filho.

Leia o artigo que escrevi para a revista *Grupo*. Esse foi meu tema de pesquisa, estudo e da minha monografia no final do curso de especialização em Psicologia Social Pichoniana.

A Circulação dos afetos na vida e na escola.

Maria Amália Forte Banzato

Sou educadora há mais de vinte e cinco anos e essa experiência foi fundamental para que eu pudesse me compreender e também compreender meus alunos, meus filhos e as pessoas a minha volta.

Inquieta por natureza, a paixão pela sala de aula me levou a questionar a minha prática e também a buscar novos caminhos e respostas para as minhas dúvidas e inquietações.

Algumas questões me acompanharam durante algum tempo: Qual é, de fato, o papel da escola? O que acontece quando os alunos se reúnem em um grupo? Os sentimentos e afetos interferem no processo de ensino-aprendizagem? Qual é a razão de tanta violência nas famílias e nas escolas? Como ensinar os alunos a se relacionarem e a manifestarem seus afetos e emoções? Há espaço na escola para esse tipo de trabalho ou a preocupação está mais voltada para a informação?

Nesta minha jornada descobri que muitas das causas de dores e infelicidades estavam na distância que vamos tomando de nós mesmos em prol de um cotidiano e das exigências a que nos submetemos no nosso dia a dia.

Esquecemos de ser, de sentir, de sonhar, de realizar; esquecemos de perguntar para nós mesmos o que queremos e em que acreditamos. Vamos vivendo. Aceitando os desafios da vida.

Amor, alegria, raiva, tristeza, coragem, medo, vergonha, confusão, potência, impotência, paixão... Tudo isso acontece dentro da gente! E o que fazemos com esse turbilhão de sentimentos e emoções que nos acompanham em nosso dia a dia? Como lidar com eles? O que devemos fazer quando sentimos raiva, tristeza e amargura? E quando sentimos alegria, amor e coragem?

Passamos a maior parte do tempo camuflando nossos sentimentos porque não nos parece correto falar sobre eles. Não fomos ensinados a lidar com nossos sentimentos e emoções. Ensinaram-nos o que é certo e o que é errado, o que podemos e o que devemos fazer, mas e nossas emoções, o que fazemos com elas?

Passamos a vida negando nossas emoções e não nos damos conta de que isso vai nos retalhando, vai nos trazendo dores e tristezas; tornamo-nos um vulcão a ponto de explodir a qualquer momento. Vamos nos afastando de nós mesmos e das pessoas; tornamo-nos mais irritáveis e violentos.

Falar dos nossos sentimentos e emoções ainda é um tabu e muitas vezes nos negamos a fazer isso em prol do profissionalismo, das funções que exercemos e da nossa própria rotina.

Como educadora, tenho percebido essa dificuldade por parte de educadores, pais e educandos. Pensar conteúdos relacionais ou ensinar a lidar com os afetos ainda é algo que assusta, que parece não fazer parte do universo da educação.

Mas, afinal, como podemos ensinar algo que não fomos ensinados? Acredito que o problema está exatamente aí; é aí que mora o nosso grande desafio. Será que não é chegado o momento de fazermos uma reflexão coletiva sobre essa violência que nos acomete a todos?

A violência é cenário nas escolas, nas famílias e na sociedade. A agressividade permeia a relação dos alunos entre si, dos alunos com os professores e também com seus pares. A indisciplina gerada pelos grupos é um grito surdo de socorro. Há pouca tolerância para lidar com as diferenças e os desafetos. Quanto cada um de nós está implicado nessa questão e também é responsável por esses fatos?

Responsabilizar o governo, a economia, e tantos outros órgãos é tarefa fácil que nos libera da responsabilidade enquanto cidadãos.

É possível pensar soluções e buscar saídas para tal problema? O que cabe a cada um de nós?

Minha experiência como educadora e coordenadora pichoniana, mobilizada pelas questões das relações e dos afetos na sala de aula, me dá a certeza de que nós educadores/pais podemos juntos buscar saídas para essa questão. Como? Criando um espaço no qual os afetos e os desafetos possam ser compartilhados, discutidos e modificados.

Parece-me que a violência é resultado de emoções reprimidas e negadas durante todo o processo de que ser e estar no mundo. Não podemos nos esquecer de que somos seres sociais, constituímo-nos e reconhecemo-nos na relação com o outro. O outro nos convida a rever valores e conhecimentos, mobiliza sentimentos e afetos, possibilita repensar, revisar e transformar a partir das relações e das tarefas que realizamos coletivamente.

Penso que, se integrarmos nossos sentimentos e emoções em nossas vidas, se criarmos um espaço na sala de aula em que os afetos possam ser compartilhados, entendidos e discutidos, estaremos oportunizando que nossos alunos lidem com suas emoções. Teremos a possibilidade de vislumbrar indivíduos emocionalmente mais equilibrados, capazes de lidar com as emoções, de resolver problemas e de pertencer ao grupo como agentes de seu próprio processo.

A circulação dos afetos na vida e na sala de aula possibilita desenvolver a capacidade do autoconhecimento, do conhecimento do outro, gerando uma relação de respeito mútuo e de corresponsabilidade para transformar a realidade em que estamos inseridos.

Para que isso seja uma experiência de sucesso, precisamos nos disponibilizar como indivíduos e educadores a uma reflexão individual e coletiva sobre esses aspectos e também nos exercitar nessa tarefa que não nos ensinaram.

Em 1989, a partir da vivência em sala de aula no Ensino Fundamental, criei um projeto que intitulei "A Circulação dos afetos e o Desenvolvimento da Aprendizagem". O projeto teve por objetivo despertar a potência dos alunos, resgatar sua chama como indivíduos, sua dignidade e ideal.

Mais do que informar, acredito que tanto a escola quanto a família e a sociedade têm obrigação de possibilitar sua formação enquanto indivíduos que pensam, choram, se alegram e se entristecem. É necessário criar um espaço em que os sentimentos possam ser ouvidos, entendidos, integrados e compartilhados entre os membros do grupo. Um espaço em que os alunos possam reconhecer suas potências e suas dificuldades.

A circulação dos afetos no grupo contribui para o desenvolvimento da aprendizagem de maneira significativa, pois possibilita que os alunos tomem consciência de seu processo, podendo **ser, pertencer e atuar** como protagonistas da sua própria história e do seu processo de aprendizagem.

Foram mais de quinze anos desenvolvendo esse projeto em sala de aula e pude durante esse período aprimorar a minha prática por meio de teorias e estudos realizados. Muitos foram os autores e concepções que contribuíram para esse trabalho.

Mas quero ressaltar um que, em especial – Pichon-Rivière – me confirmou naquilo que acredito e me deu ferramentas para as intervenções e a compreensão das dinâmicas grupais. Com a luz da Psicologia Social Pichoniana foi possível compreender melhor o papel e a função do educador e também enriquecer minhas intervenções a partir do conhecimento adquirido sobre o espaço psicossocial do grupo e de seus integrantes.

Os conteúdos novos apresentados em sala de aula mobilizam pensamentos e sentimentos nos alunos, é um momento de ansiedades e medos que precisam ser reconhecidos, tratados e compartilhados para que a aprendizagem aconteça. É necessário propor, aos alunos, a tomada de consciência desse processo para que possam revisitar, transformar e significar a nova aprendizagem.

O conceito de grupo e suas implicações no ato de aprender

Qual é o papel do grupo no processo da aprendizagem?

Será que a tarefa é clara para os educadores e educandos? O grupo de alunos na sala de aula é convidado para compartilhar os projetos, as metas, os conteúdos, os problemas, as aflições e as conquistas? Há espaço para a construção de um grupo e de uma tarefa compartilhada? Como garantir a individualidade do aluno e promover a identidade grupal? Como lidar com as diferenças? E o educador, qual é o seu papel? Quem é ele neste grupo?

Antes de tudo, o educador deve ter clareza da sua função, de sua tarefa e do papel que desempenha no grupo. O educador não é o amigo, não é a mãe nem o colega de classe. Ele deve ter uma relação assimétrica com seus alunos, pois sua tarefa no grupo é diferente da dos seus integrantes. O educador promove o cenário para o processo de ensino-aprendizagem; ele tem como tarefa promover a operatividade do grupo e o protagonismo de seus integrantes. Para isso, ele precisa conhecer quais são as leis que regem um grupo.

Para Pichon-Rivière, "grupo é um conjunto restrito de pessoas que, ligadas por constantes de tempo e espaço, e articuladas por sua mútua representação interna, se propõe de maneira explícita e implícita a uma tarefa, que constitui sua finalidade, interagindo por meio de complexos mecanismos de assunção e atribuição de papéis".

Os grupos são a possibilidade de aprender, de confirmar, de discordar, de reconhecer, de confrontar, de ser, de estar, de sentir, de pensar e principalmente de transformar e significar a aprendizagem. Para Pichon, há dois organizadores do grupo: tarefa e vínculo.

A tarefa é o fazer conjunto, é a operatividade do grupo, porém a realização de uma tarefa mobiliza sempre pensamentos e sentimentos que precisam ser compartilhados, explorados, discutidos e entendidos por seus integrantes para a produção grupal. Vínculo é uma estrutura complexa de relações interpessoais, uma representação que implica uma vivência externa e também uma construção interna a partir da ação conjunta que envolve comunicação e aprendizagem. Na construção grupal, o vínculo se estabelece em torno de uma tarefa e as diferenças são um cenário para a aprendizagem.

A eficiência dessa construção depende da clareza da comunicação e dos vínculos em torno do ato de aprender ou da tarefa grupal.

A circulação dos afetos na vida e na escola possibilita uma relação mais honesta e verdadeira entre seus membros. Exige um investimento pessoal e grupal e também a presença constante de um educador que observa, sente, se arrisca, encaminha, ouve, pensa, reflete e compartilha os passos do grupo, promovendo uma comunicação clara e fluida e cuidando das relações interpessoais e do vínculo estabelecido entre seus integrantes.

Educadores e educandos precisam ser parceiros eficientes, criativos e audaciosos. A construção do grupo necessita de um espaço para as competências, as facilidades, as dificuldades, as dores, as alegrias, as conquistas, os afetos, os desafetos, as diferenças, os medos... é um constante investimento, é um aprender a **ser**, a **pensar**, a **sentir** e a **agir** com o outro.

Artigo escrito para a revista *Grupo,* do Instituto Pichon-Riviére (2005).

Farei um convite para se aprofundar. Complete as frases:

Sinto raiva quando...
Sinto alegria quando...
Sinto medo quando...
Sinto coragem quando...
Sinto tristeza quando...
Sinto amor quando...
Tenho saudades de...

Você se surpreendeu com suas respostas? Releia. O que você sente?

Estamos em constante movimento na vida, e nossos sentimentos e emoções também. Por essa razão, é fundamental perguntar-se com regularidade sobre o que sente e pensa nas mais diversas situações. Essas simples perguntas nos colocam em contato com quem somos, com a nossa essência e verdade; e deste lugar interno poderemos contribuir para uma educação mais saudável e afetiva para nossos filhos e alunos.

Você conhece quais são as situações que despertam medo, raiva, tristeza, amor e coragem no seu filho?

Que tal investigar?

Vale a pena conhecer o que mobiliza os afetos nas crianças; eles nos dão muitas pistas de como agir para ajudá-las na empreitada da vida!

Conclusão

Querido leitor, mãe, pai ou professor,

Compartilhei neste livro minha experiência de 40 anos de educação e com a maternidade. Sou apaixonada pelas crianças e ser educadora foi uma decisão de fazer a diferença na vida dos meus alunos. Vivi muitas experiências que fizeram meu coração cantar e outras tantas que fizeram meu coração chorar; e é por essa razão que continuo estudando sobre a educação, a infância e a psicologia, pois desejo imensamente levar a minha contribuição.

Sou uma aprendente incansável e apaixonada pela educação e pelas crianças, e acredito que pequenas ações podem fazer a diferença no cenário atual das famílias e das escolas.

O projeto inicial intitulado "A Circulação dos Afetos" transformou-se em "Caminhos do Coração", e eu o realizo com crianças, pais e educadores.

A proposta é seguir o coração por meio de três grandes pilares: **ser**, **sentir** e **conviver**.

Ser quem somos com toda a nossa verdade e essência.

Sentir as emoções e os sentimentos sem medo de expressá-los.

Conviver – aprender a viver com o diferente, com respeito e harmonia.

Acredito que esses pilares contribuem para manter a nossa individualidade na coletividade, dão voz para as nossas singularidades e nos potencializam para a vida. Se quiser saber mais a respeito, siga as minhas redes sociais.

Aprendo o tempo todo com as crianças e com os adultos à minha volta, e espero ter dado a minha contribuição nessa empreitada que é educar!

Ficarei feliz se você puder me escrever contando suas experiências com esta leitura, suas dúvidas ou desconfortos. Pode ter certeza de que responderei a todos os contatos.

Um grande abraço,

Maria Amália

Maria Amália
E-mail: maforte@terra.com.brt
Instagram: maria.amalia_caminhosdocoracao
Facebook: Maria Amalia - caminhos do coracao
YouTube: Maria Amalia - caminhos do coracao

CAMINHOS DO
Coração

10 atividades diárias para melhorar a relação com seu filho

CONSTRUA UM QUADRO DE ROTINA COM SEU FILHO!

Organizar a rotina com seu filho dará a ele maior segurança, além de desenvolver a autonomia e a autorresponsabilidade. Esse quadro pode ser realizado com figuras ou desenhos.

Aproveite para usar a criatividade com ele. Se a criança for maior de sete anos, ela mesma pode escrever o quadro de rotina. Aproveite para conversar com ela sobre a importância da rotina e conte também como é a sua rotina e a do papai.

CONSTRUA UM PAINEL DE REGRAS, COMBINADOS E CONSEQUÊNCIAS!

As regras são colocadas pelos pais e servem para organizar o ambiente coletivo. Os combinados são realizados com as crianças e as consequências dadas devem sempre estar relacionadas à ação da criança. Bom momento para conversar sobre a função social das regras e combinados. Mostre para as crianças onde elas existem. Exemplo: casa, clube, escola, prédio, cidade, trânsito etc.

Atenção! As regras, combinados e consequências devem fazer sentido para o casal e devem ser sustentados, ou seja, não faça algo que você terá dificuldade para cumprir.

TODA MANHÃ, RETOME COM SEUS FILHOS A ROTINA DO DIA E OS COMBINADOS.

Essa ação ajuda para que a criança incorpore a rotina e também as regras e combinados. A coerência e a regularidade é que farão a diferença para que seu filho aprenda e compreenda a rotina.

ELOGIE, RECONHEÇA E VALORIZE SEMPRE SEU FILHO!

Tão importante quanto estabelecer a rotina, regras e combinados é elogiar os esforços e as atitudes da criança! Os elogios oferecem à criança uma maior autoconfiança, eleva a autoestima e estimula as atitudes. Reconhecer a criança e valorizá-la faz com que sinta o amor que nutre a relação e fortalece o vínculo.

CONVERSE SOBRE O DIA E OS SENTIMENTOS VIVIDOS

O diálogo é fundamental na relação pais e filhos. Eleja um momento para esse diálogo. Pode ser no trajeto de casa, na hora do jantar ou na hora de dormir. Mostre interesse pelo dia da criança, escute-a com atenção, explore seus sentimentos e conte também algo do seu dia. O diálogo verdadeiro e honesto nutre a relação, bem como ensina a criança a importância de conversar revelando seus pensamentos e sentimentos.

BRINQUEM JUNTOS!

É por meio da brincadeira ou jogo simbólico que a criança compreende o mundo, as relações sociais e a comunicação que se estabelece. Brincar e fazer atividades de jogos cooperativos estimula a criatividade, aproxima as pessoas e desenvolve o respeito.

INCENTIVE A LEITURA

A leitura possibilita o desenvolvimento da fala e ampliação do vocabulário, possibilita aprender valores, conhecer outras situações e amplia a visão de mundo. Crie uma rotina para ler para a criança! Peça a ela que conte uma história para você! Conversem sobre os ensinamentos da história e os sentimentos gerados.

DÊ PEQUENAS RESPONSABILIDADES PARA A CRIANÇA

Quando a criança, desde pequena, já tem pequenas atribuições ou responsabilidades, ela se sente envolvida e encorajada no dia a dia. Ela pode arrumar seu quarto, a sua cama, ajudar a retirar os pratos da mesa, ajudar a mamãe ou o papai em uma atividade específica.

ESTIMULE A CRIATIVIDADE E A EXPRESSÃO DA CRIANÇA.

A criança é curiosa e criativa por natureza. Estimule a fantasia e a criatividade dos seus filhos através de jogos e brincadeiras.

DEMONSTRE SEUS AFETOS COM REGULARIDADE

Não tenha medo de demonstrar seus afetos para a criança. Demonstre seu amor, sua alegria, seus medos, sua irritação e sua frustração. Faça isso com naturalidade e, desse modo, estará ensinando a ela a importância de reconhecer e expressar seus sentimentos, bem como a lidar com eles.

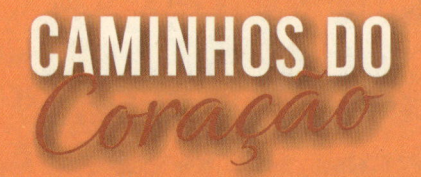

CAMINHOS DO
Coração